Das große Outdoor-Abenteuerbuch

Abbildungsverzeichnis

Innenfotos:
Adobe Stock/Fotolia, u.a.: S. 7 © marleon, S. 11 © Robert Kneschke, S. 13 © diego cervo,
S. 27 © hw holz design, S.28 © gelpi, S. 113 © beatuerk, S. 114 o. © Peter Wey, S. 118 o.
© Rudolf Schmidt, S. 121 u. © M.R. Swadzba, S.125 m. © mirpic, S. 125 u. © Qwertzy2,
Wikimedia, S. 133 u. © weisbuch charles, S. 133 o. © lochstampfer, S. 117 + S. 128
© Walter Müller, S. 129 m./u. © Biopix, S. 152 o. ©sborisov, S. 154 Kornelkirsche
© carmenrieb, S. 154 Heckenkirsche © LianeM, S. 154 Nachtschatten © dabjola,
S. 154 Schneeball © Hellen Sergeyeva, S. 154 Waldgeißblatt © Erni, S. 158 © A_Bruno,
S. 159 l. © O.K., S. 159 m. © epantha, S. 159 r. © sid221, S. 174 © pmac, S. 178
© Sunnydays, S. 179 © pwollinga, S. 181 © ericzunec, S. 183 © npdesignde, S. 187
©micromonkey, S. 192 © 14ktgold, S. 193 © Brigitte Wegner, S. 195 © Andrea Sachs,
S. 214 © Otmar Smit, S. 215 © lcrms, S. 216 © Marina Weiß, S. 219 © Rudolf Schmidt,
S. 224 © msconceptfoto, S. 225 © Ornitolog82, S. 229 © hw holz design, S. 232
© Nicolas Larento; Peter Leenders: S. 14, Shutterstock, u.a.: S. 29 © Sol Vazquez Cantero,
S. 31 © Vector Tradition, S. 44 © Katrina.Happy, S. 47 © Gladskikh Tatiana; istockphoto,
u.a.: S. 45 © asiseeit, S. 115 u. © 9158121, S. 118 u. © teekaygee, S. 189 © Joe_Potato,
S. 191 © Stefan Sobek, S. 211 © hsvrs.

Inhalt

 Spiele in der Natur 7

 Spannung pur: Nachtwanderung 29

 Den Sternenhimmel entdecken 49

 Orientierung mit Karte, Kompass & Co. 71

 Geocaching 91

 Tarnung & Tricks der Tiere entlarven 113

 Den Wald erforschen 135

 Natur erleben im Herbst und Winter 153

 Sachen suchen am Strand 175

 Sägen, hämmern, bauen 197

 Insektenhotels & Co. selbst bauen 213

 Schnitzen 235

Spiele in der Natur

Draußen ist der beste Spielplatz, den es gibt.
Er lädt dich zum Entdecken und Bauen ein –
und natürlich zu vielen verschiedenen Spielen,
allein oder mit Freunden.

Spielplätze in der Natur

- Baumstämme zum Hochklettern
- Sträucher zum Sichverstecken
- Bachläufe zum Planschen
- Pfade zum Rennen
- Hügel und Senken zum Spielen

Du bist nur Gast in der Natur

Darum musst du beim Spielen beachten:
- Betrete keine fremden Grundstücke!
- Scheuche keine Tiere auf! Störe sie nicht!
- Halte dich fern von schlafenden, jungen und brütenden Tieren!
- Reiße keine Pflanzen aus, zerstöre nichts!
- Bewege dich achtsam durch die Natur!
- Hinterlasse draußen keinen Müll!

Hinterlasse die Natur genauso wie du sie vorm Spielen angetroffen hast.

Hab viel Freude beim Spielen!

Spiele in der Natur

Schnitzeljagd

Dieses Geländespiel haben schon deine Großeltern gespielt. Dabei folgt die Sucher-Gruppe den Spuren und Hinweisen, die zuvor die andere Versteckcer-Gruppe ausgelegt hat.

Klassische Schnitzeljagd

Für 4 und mehr Spieler

Du brauchst:

- „Schnitzel" = Papierschnipsel, Sägespäne, Sägemehl, Kleintierstreu, auch Straßenkreide
- Ziel = interessanter Ort, ein alter Baum, eine Quelle, eine Senke

Spielablauf:

1. Die Spieler bilden zwei Gruppen. Die Versteckcer-Gruppe startet; sie läuft lautlos Wege und Pfade Richtung Ziel und hinterlässt etwa alle 30 m ein Zeichen aus „Schnitzel", etwa einen Pfeil.
2. 15 bis 20 Minuten später startet die Sucher-Gruppe.
3. Sie folgt den Zeichen.
4. Die Schnitzeljagd endet am Ziel.

✘ Aha!
Die Zeichen können in die richtige Richtung weisen, aber auch Fehlspuren sein. An Kreuzungen etwa weisen Zeichen in alle Richtungen, von denen drei falsch sind.

✘ Natur-Tipp:
Statt Späne, Streu oder Kreide könnt ihr auch Laub, Äste, Zweige, Steine, Eicheln und andere Naturmaterialien für die Zeichen verwenden.

✘ Wichtig!
Baut in die Strecke auch Hindernisse und Irrwege ein. Dazu kann sich die Verstecker-Gruppe auch mal für kurze Zeit teilen. Es darf aber nur einen Weg zum Ziel geben!

Variante: kleine Gruppe

Wenn ihr nur zu dritt seid, gibt es nur einen Verstecker und zwei Sucher.

Variante: rätseln

Statt Zeichen hinterlassen die Verstecker rätselhafte Nachrichten oder kleine Quizaufgaben wie bei einer Rallye.

Beispiele:
- Links vom Baum mit der dicken Moosschicht geht es weiter.
- Lies dieses Wort – es sagt dir, wo es weitergeht: sknil

Variante: bei Nacht

Als „Schnitzel" verwendest du: „Katzenaugen" oder Knicklichter aus dem Anglerbedarf.

Spiele in der Natur

Schatzsuche

Dieses beliebte Geländespiel führt immer zu einem versteckten Schatz, der mithilfe von Rätselaufgaben, Wegweisern oder einer Schatzkarte gefunden werden muss.

Klassische Schatzsuche

Für 4 und mehr Spieler

Du brauchst:
- Schatz (z. B. Gummibärchen, Selbstgebasteltes)
- Behälter für Schatz
- bunte Bänder

Spielablauf:

1. Die Spieler bilden zwei Gruppen.
2. Die Verstecker starten; sie laufen lautlos Wege und Pfade entlang und hinterlassen alle 20–30 m ein Zeichen (buntes Band an Ast, Pfeil aus Ästen, tiefer Fußabdruck) auf dem Weg zum Schatz.
3. Am Ziel wird der Schatz versteckt.
4. 20 bis 30 Minuten später starten die Sucher. Sie folgen den Spuren zum Schatz.

Verstecke für den Schatz:
- zwischen Wurzeln
- im Boden oder Schnee vergraben
- auf einem Baum
- in einer Höhle

Variante: mit Stationen

Verschiedene Stationen mit Aufgaben führen zum Schatz (siehe Rallye).

Variante: kleine Gruppe oder Geburtstagsfeier

Die Eltern verstecken den Schatz.

Variante: mit Schatzkarte

Zum Schatz führt eine selbst gezeichnete Schatzkarte.

✘ Tipp:

Drucke bei Google Earth eine Karte des Schatzsuche-Geländes aus, trage darin das Versteck des Schatzes ein.

Variante: mit GPS

Suche einen Schatz (Cache genannt) auf einer Geocaching-Seite im Internet. Übertrage die Koordinaten des Caches auf dein GPS-Gerät und suche den Schatz.

✘ Tipp:

Nimm eine topografische Wanderkarte mit, denn dein GPS-Gerät zeigt dir nur den direkten „Luftweg" zum Ziel – die Wege, die du gehen musst, findest du auf der Karte.

Variante: Geburtstagsfeier

Denk dir eine Geschichte aus, etwa „Der verlorene Schatz der Piraten" oder „Der geraubte Schatz der Prinzessin". Verstecke einen Schatz, der zur Geschichte passt. Verkleidet euch!

Spiele in der Natur

Noch mehr Such- und Versteckspiele

Etwas oder jemanden finden, der sich versteckt hat, ist ein tolles Spiel. Du brauchst dazu ein großes Gelände im Freien, in dem es viele Verstecke und Unterschlüpfe gibt.

Klassisches Verstecken

Für 2 und mehr Spieler

Du brauchst:

- ein Mal in der Mitte des Geländes, etwa ein Baum

Spielablauf:

1. Der Sucher steht mit geschlossenen Augen am Mal und sagt laut einen Abzählreim auf, während sich die anderen Spieler verstecken.
2. Wenn er fertig ist, beginnt er die Suche.
3. Hat er einen Spieler gefunden, muss er
   a) ihn berühren (abschlagen) oder
   b) laut seinen Namen rufen.
   Dann ist er gefangen.
4. Sind alle Spieler gefunden, beginnt die nächste Runde mit einem neuen Sucher.

Spiele in der Natur

Abzählreim:

1, 2, 3, 4 Eckstein
alles muss versteckt sein.
Hinter mir und vor mir,
links und rechts gilt es nicht!
1, 2, 3, 4, 5, 6, 7, 8, 9, 10 –
ich komme!

Variante: mit Anschlagen

Wenn der Sucher einen Spieler gefunden hat,
1. läuft er zum Mal zurück,
2. schlägt dreimal ans Mal
3. und ruft dabei: „1, 2, 3 für xy (Name des Gefundenen)".

Der Gefundene versucht, das Mal vor dem Sucher zu erreichen!
Gelingt es ihm, dann
    1. schlägt er ans Mal
    2. und ruft dabei: „xy (sein Name) frei".

Variante: mit Freischleichen

Die versteckten Spieler versuchen, sich unbemerkt ans Mal zu schleichen und sich freizuschlagen.

Variante: mit Fangen

Der Sucher muss die Spieler finden und fangen.

Variante: Hasenjagd

Die Spieler bilden zwei Gruppen – die Hasen und die Füchse.
Die Hasen laufen davon, während die Füchse am Mal langsam bis zehn zählen. Dann jagen die Füchse die Hasen.
Haben sie einen gefangen, wird er auch zum Fuchs und jagt mit.

Spiele in der Natur

Rallye-Spiele

Eine Rallye ist ein Geländespiel mit vielen Stationen, an denen verschiedene Aufgaben gelöst werden müssen. Dabei geht es querfeldein über Stock und Stein.

Die Draußen-Rallye

Für 4 und mehr Spieler

Du brauchst:
- viele Zettel und Stifte

Spielablauf:
1. Die Spieler bilden zwei Gruppen.
2. Die erste Gruppe startet. Auf dem Weg zum Ziel richtet sie an geeigneten Plätzen Stationen mit Aufgaben ein, die die zweite Gruppe lösen muss. Mit Hinweisen, wie der Weg weitergeht.
3. 30 Minuten später startet die zweite Gruppe und löst die Aufgaben.
4. Am Ziel treffen sich beide Gruppen.

Rallye-Aufgaben
- Zählaufgaben, wie: Wie viele verschiedene Blumen stehen neben dem Wegweiser?
- Rateaufgaben, wie: Male diese Tierspur ab, von wem stammt sie?

Spiele in der Natur

- Naturaufgaben, wie: Wie heißt der größte Baum am Platz?
- Orientierungsaufgaben, wie: Wohin führt der Weg mit dem Wegzeichen rote Raute?
- Rätselaufgaben, wie: Entziffere das Wort, das mit Ästen ausgelegt ist!
- Sammelaufgaben, wie: Bringe verschiedene Baumfrüchte mit, die am Boden liegen!
- Bauaufgaben, wie: Baue einen Turm aus so vielen Steinen wie möglich, mach ein Foto mit deinem Handy!
- Körperaufgaben, wie: Geh bis zur Station in der Hocke!

✗ Tipp:
Zu Hause die Zettel mit den Aufgaben vorbereiten.

Variante: Schnee-Rallye

Rallye-Aufgaben bei Schnee:
- Baue einen Pinguin!
- Hinterlasse im Schnee einen Engel.
- Triff mit Schneebällen den Baumstamm – wer hat die meisten Treffer?

Variante: Grusel-Rallye

Stationen mit gruseligen Prüfungen:
- von hinten auf die Schulter klopfen
- ein ausgestopfter Einweg-Handschuh pendelt plötzlich über den Weg
- jemand springt hinter einem Baum hervor
- Fäden hängen wie Spinnfäden herab

Kann auch bei Dunkelheit stattfinden, nichts für schwache Nerven!

Spiele in der Natur

Lauf- und Fangspiele

Bei diesen Lauf- und Fangspielen bist du mal Fänger, mal Gejagter – und nach jeder Runde wechseln die Rollen. Sucht euch dazu ein Gelände aus, in dem ihr genügend Platz habt.

Räuber und Gendarm

Für 6 und mehr Spieler

✘ Aha!

Gendarm = französisch Polizist, sprich aus: schandarm

Spielablauf:

1. Die Spieler bilden zwei Gruppen, die Räuber und die Gendarme.
2. Die Gendarme versuchen, die Räuber zu fangen und in ihr Gefängnis zu bringen.
3. Die Räuber können in das Gefängnis eindringen, dann sind alle Gefangenen frei.
4. Sind alle Räuber im Gefängnis, tauschen die Spieler die Rollen.

Spielt fair miteinander, ohne zu kämpfen oder euch wehzutun!

Variante: bei Schnee

Spielt auf einem Gelände mit unberührtem Schnee ohne Spuren.
Die Räuber starten mit 10 Minuten Vorsprung, die Gendarme versuchen, die Räuber anhand ihrer Spuren zu finden.
Räuber-Tipp: Einer läuft vorneweg, die anderen folgen in dessen Spur.

Feuer, Wasser, Sturm

Für 3 und mehr Spieler

Spielablauf:
1. Es gibt einen Spielleiter. Er legt fest, was bei „Feuer", „Wasser", „Sturm" gemacht werden muss, etwa:
- zu zweit Hände halten
- Füße dürfen nicht den Boden berühren
- tief in die Hocke gehen
- im Krebsgang laufen
2. Die anderen Spieler laufen kreuz und quer.
3. Der Spielleiter ruft „Feuer", „Wasser" oder „Sturm" und alle tun, was festgelegt wurde.

Spiele für zwei Gruppen, die gegeneinander laufen:

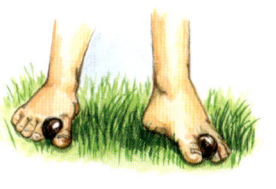

- Kastanienlauf

Mit den Zehen hält jeder Spieler eine Kastanie (Eichel, Kiefernzapfen, Stein) fest und läuft so schnell wie möglich ins Ziel.

- Zapfenlauf

Wie beim Eierlaufen balancieren die Spieler einen Zapfen auf einer Astgabel und bringen ihn sicher ins Ziel.

Spiele in der Natur

Spiele mit Hindernissen

Nicht nur ebene Wege, sondern Baumstümpfe und Mauern, Schlammlöcher und tiefer Sand – über Hindernisse jeglicher Art führt der Parcours bei diesen Spielen.

Hindernislauf

Für 2 und mehr Spieler

Du brauchst:
- Hindernisse
- Stoppuhr

Spielablauf:
1. Legt einen Hindernis-Parcours mit Start und Ziel an.
2. Nacheinander durchläuft jeder Spieler den Parcours, dabei wird die Zeit gestoppt.
3. Mogeln gilt nicht: Die Hindernisse müssen korrekt überwunden werden.
4. Gewonnen hat, wer am schnellsten war.
   Tipp: Kurze Parcours werden zwei- oder dreimal durchlaufen!

Variante: Halloween

Zu Halloween seid ihr auf dem Besen unterwegs!
Besen = belaubter Ast
Hindernisparcours wird mit Besen zwischen den Beinen zurückgelegt.

Spiele in der Natur

Hindernisse:

= sind zum Klettern, Überspringen, (barfuß) Laufen, Hindurchkrabbeln, Robben oder Balancieren geeignet:

- gefällte Baumstämme (Achtung, sie müssen stabil auf dem Boden liegen!)
- Baumstümpfe
- Bachlauf
- steiniger Pfad
- Schlammloch (selber anlegen mit viel Wasser)
- Sandkasten
- Mauer oder Zaun (aber kein spitzer Zaun!)
- Treppen
- Bänke
- Eimer
- Äste
- Strickleiter
- Slalomstangen

Variante: Staffellauf

Das geht so:

1. Legt einen Rund-Hindernislauf an mit Startlinie = Ziellinie, der gleichzeitig von zwei Spielern benutzt werden kann.
2. Bildet zwei Gruppen.
3. Der erste Spieler jeder Gruppe startet. Wenn er den Parcours zurückgelegt hat, schlägt er den nächsten Mitspieler ab, der dann läuft.

Slalomlauf

Für 4 und mehr Spieler

Dazu wählt ihr zwei gleiche Slalomstrecken, etwa im lichten Wald um Bäume.

Startlinie = Ziellinie

Bildet zwei Gruppen, die als Staffel laufen.

Spiele in der Natur

Sprungspiele

So weit, wie du kannst, so hoch, wie du kannst –
bei diesen Spielen geht es ums Springen.
Und wer seine Sprünge gut einschätzen kann,
gewinnt ebenfalls!

Weitsprung

Für 2 und mehr Spieler

Du brauchst:
- Für jeden eine Eichel, Kastanie oder einen Stein

Spielablauf:
1. Start- und Ziellinie markieren.
2. Der Erste wirft von der Startlinie aus sein Wurfobjekt so weit, wie er springen kann; dann springt er:
   a) schafft er es, wirft er erneut nach vorne und springt noch einmal
   b) schafft er es nicht, muss er sofort zurück hinter die Startlinie.
3. Dann ist der Nächste dran.

Sieger ist:
1. wer in der ersten Runde ins Ziel gelangt oder dem Ziel am nächsten kommt,
2. wer die wenigsten Sprünge bis ins Ziel braucht,
3. mit Stoppuhr: wer am schnellsten im Ziel ist.

Spiele in der Natur

Weitsprung der Tiere

Für 2 und mehr Spieler

Du brauchst:
- Maßband

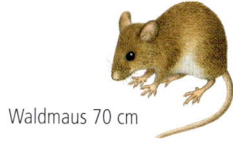
Waldmaus 70 cm

Spielablauf:

1. Markiert von einem Startpunkt aus die Sprungweiten einiger Tiere:

Feldhase 2 m

Eichhörnchen 90 cm

Baummarder 1,5 m

Rotfuchs 2,8 m

Reh 6 m

Wildschwein 4 m

2. Nun wird gesprungen: Wie weit kommt ihr?

Rothirsch 9 m

Spiele in der Natur

Wurfspiele

Bei diesen Spielen wird geworfen und gezielt – nicht mit Bällen, sondern mit Kastanien, Eicheln und anderen Materialien, die du draußen rund um den Spielort findest.

Wer wirft am weitesten?

Für 2 und mehr Spieler

Du brauchst:

- einen Korb
- 10 Wurfobjekte: Eicheln, Kastanien, Kiefern- oder Fichtenzapfen, Steine

Spielablauf:

1. Korb aufstellen.
2. Startlinie in 5–10 m Abstand zum Korb markieren.
3. Der erste Spieler wirft die 10 Wurfobjekte in den Korb; Treffer zählen.
4. Dann ist der nächste dran mit denselben Wurfobjekten.

✘ Natur-Tipp Ziel:

- Mulde im Boden (evtl. mit Blättern auslegen)
- mit Ästen ausgelegtes Feld

Schwierigkeit erhöhen:

- kleineres Ziel
- Korb an Ast hängen

Spiele in der Natur

Natur-Boccia

Für 2 und mehr Spieler

Du brauchst:

- Ziel: ein Fichtenzapfen, großer Stein, großes Blatt
- Wurfgeschosse: für jeden Spieler fünf Eicheln, Kastanien oder Steine
- Markierdinge: für jeden Spieler fünf gleiche Blätter

Eichel

Bucheckern

Zapfen

Spielablauf:

1. Markiert einen Wurfpunkt (mit Stöcken etc.).
2. Der Jüngste wirft vom Wurfpunkt den Fichtenzapfen als Ziel auf den Boden.
3. Nun versucht der erste Spieler vom Wurfpunkt aus, seine fünf Wurfgeschosse so nah wie möglich ans Ziel zu werfen; dann markiert er sie mit seinen Blättern.
4. Dann ist der nächste Spieler dran.
5. Gewonnen hat, wer mit seinem Wurfgeschoss dem Ziel am nächsten war. Er beginnt die nächste Runde.

✘ Tipp:

Wurfgeschosse mit einem bunten Tupfen Plakafarbe kennzeichnen!

Geschicklichkeitsspiel

Wirf eine Eichel, Buchecker, Kastanie, Stein hoch und versuche, sie mit dem Handrücken zu fangen.
Probiere es dann mit zwei oder drei Dingen.
Probiere es mit dem Handrücken der anderen Hand.

Spiele in der Natur

Ruhige Spiele

Nach wildem Toben, rasanten Schnitzeljagden und herausfordernden Hindernisläufen sind ruhige Spiele in der Natur dran. Sie eignen sich auch, wenn nur wenig Platz zum Spielen ist.

Morse-Funken

Für 2 und mehr Spieler

Du brauchst:
- das Morsealphabet
- für jeden Zettel und Stift

✘ So geht das Morse-Alphabet

```
A .-      N -.
B -...    O ---
C -.-.    P .--.
D -..     Q --.-
E .       R .-.
F ..-.    S ...
G --.     T -
H ....    U ..-
I ..      V ...-
J .---    W .--
K -.-     X -..-
L .-..    Y -.--
M --      Z --..
```

. = kurzer Klopfer mit dem Zeigefingergelenk
- = langer Klopfer mit der Faust

Spielablauf:

1. Ihr bildet zwei Gruppen.
2. Jede Gruppe begibt sich an ein Ende eines gefällten Baumstamms (ein dicker Baum geht auch).
3. Eine Gruppe denkt sich eine kurze Nachricht aus und übermittelt sie Buchstabe für Buchstabe durch Morsen (nacheinander deutlich die Morsezeichen für die einzelnen Buchstaben eines Wortes klopfen). Macht nach jedem Buchstaben eine kleine Pause.
4. Welche Nachricht ist bei der anderen Gruppe angekommen?

Spiele in der Natur

Welches Tier bin ich?

Für 2 und mehr Spieler

Spielablauf:
1. Ein Spieler denkt sich ein Tier aus und ahmt eine typische Bewegung des Tiers nach, etwa:
   - Wildschwein wühlt mit Schnauze im Boden.
   - Schmetterling flattert.
   - Fuchs beim Mäusesprung
2. Wer errät das Tier?

Das letzte Blatt

Für 2 Spieler

Du brauchst:
- 10 Blätter, Eicheln, Kastanien, Steine

So geht's:
1. 10 Blätter nebeneinander auslegen.
2. Abwechselnd nimmt jeder Spieler ein Blatt.
3. Wer das letzte Blatt nimmt, gewinnt.

Regeln:
- Bei jedem Zug dürfen auch zwei Blätter weggenommen werden, aber nur, wenn sie direkt nebeneinander liegen.
- Aussetzen gilt nicht.

Spiele in der Natur

Spiele mit geschlossenen Augen

Diese Spiele kannst du bei Dunkelheit draußen spielen oder bei Tageslicht: Dann werden die Augen verbunden. Wenn man nichts sehen kann, hört man viel besser.

Du brauchst bei allen Spielen: für jeden eine Augenbinde

Welches Geräusch ist das?

Auch für Nachtwanderung geeignet! Für 2 und mehr Spieler

Spielablauf:
1. Augenbinden anziehen.
2. Ein Spieler macht ein Geräusch, das die anderen raten müssen.
3. Derjenige, der richtig geraten hat, ist als Nächster dran.

Beispiele für Geräusche:
Reißverschluss auf- oder zumachen, auf dem Boden scharren, Äste rütteln, mit der Zunge schnalzen.

Blindgänger

Für 3 und mehr Spieler
Spielablauf:
1. Alle stellen sich hintereinander auf.
2. Augenbinde anziehen, nur der Vorderste nicht.
3. Hände auf die Schultern des vorderen Spielers legen.
4. Loslaufen, der Vorderste führt langsam und lautlos durch die Natur.

Spiele in der Natur

✘ Wichtig!
Nur Wege ohne Hindernisse nehmen!

Variante: spannende Blindgänge
- barfuß
- im Schnee
- im Sand

Tierpaare gesucht!

Für 6, 8 und mehr Spieler

Du brauchst zusätzlich:
- so viele Zettel wie Spieler

Spielablauf:
1. Tiere wählen, deren Stimmen man gut nachahmen kann (Hund, Katze, Ziege, Pferd, Schwein).
2. Jedes Tier auf zwei verschiedene Zettel schreiben.
3. Jeder zieht verdeckt einen Zettel, Tier merken.
4. Augen verbinden und Tierstimme nachmachen – Ziel: den Tierpartner finden.

✘ Natur-Tipp:
Wählt solche Tiere, die dort vorkommen, wo ihr spielt.
Im Wald: Reh, Wildschwein, Eichelhäher
Auf der Wiese: Heuschrecke, Maus, Goldammer
Am Teich: Frosch, Stechmücke, Ente

Spiele in der Natur

Spielabenteuer in der Nacht

Wenn es draußen dunkel ist, sind Spiele besonders spannend. Eine Nachtwanderung führt euch raus in den Garten, Park oder die Natur. Dann wird gespielt!

Taschenlampen-Suche

Für 2 und mehr Spieler

Du brauchst:
- 2 Taschenlampen

Spielablauf:
1. Grenzen des Spielgeländes festlegen.
2. Kinder verstecken sich.
3. Sucher zählt bis 20, sucht dann mit zwei Taschenlampen.
4. Hat er einen Spieler gefunden, lässt er einen Lichtkegel um ihn tanzen.
5. Der Gefundene hilft bei der Suche mit.

Spannung pur: Nachtwanderung

Wenn die Sonne untergegangen ist, erwacht draußen in der Dunkelheit eine völlig andere Welt. Lockt dich die Nacht nach draußen? Dann warten dort spannende Abenteuer auf dich: unheimlich anmutende Bäume, leuchtende Tieraugen, merkwürdige Geräusche und noch vieles mehr.

Beobachtungstipps

- Um Nachtabenteuer zu erleben, musst du gar nicht weit laufen: Schon rund ums Haus flattern Fledermäuse, rascheln Igel im Gebüsch oder warten Kreuzspinnen lauernd auf ein Opfer.
- Damit sich deine Augen leicht an die Dunkelheit gewöhnen, lass die Taschenlampe aus! Warte ein paar Minuten – und siehe da, du kannst plötzlich recht gut in der Dunkelheit sehen!

Nachtwanderung

Gut gerüstet ins Nachtabenteuer

Nachts ist es draußen kühler als bei Tag. Das musst du vor deinem Ausflug bedenken. Darum kleide dich dem Wetter entsprechend im „Zwiebel-Look" mit Shirt, Pulli, Jacke, evtl. noch Regenschutz: Wenn es dir zu warm wird, zieh eine Kleidungsschicht nach der anderen aus.

Das brauchst du auch noch:

- ein Paar robuste Schuhe
- kleiner Rucksack mit Getränk, Apfel oder kleinem Imbiss
- evtl. eine nachtleuchtende Sternenkarte
- und dazu noch eine Taschenlampe für alle Fälle

Mach die Taschenlampe nur an, wenn du dich unsicher fühlst!
Eine Nachtwanderung macht zu zweit, zu dritt oder mit noch mehr Begleitern viel mehr Freude: Lade darum deine Freunde oder deine Eltern ein.

Nachtwanderung

Abenteuerziele für Nachtwanderungen

- Im Frühling Vogelkonzert: Vor Sonnenaufgang aufstehen und lauschen, wie nach und nach immer mehr Vögel zu singen anfangen.
- Im Sommer Leuchttour: Um die Sommersonnenwende fliegen die kleinen Glühwürmchen; nimm Knicklichter mit, die die Nacht verschönern.
- Im Herbst Flugkobolde: Vom Abend bis in die Nacht hinein jagen Fledermäuse unermüdlich.
- Im Winter Sternenmeer: Die schönsten, hellsten und markantesten Sterne und Sternbilder stehen nun am Himmel, herrlich!

Nachts unterwegs

- Wenn abends die tagaktiven Tiere – und wir Menschen – schlafen gehen, wachen die nachtaktiven Tiere auf. Dazu gehören Nachtfalter, Eulen, Fledermäuse, Rehe, Hirsche, Wildschweine, Füchse, Marder und noch viele mehr.

Nachtaktive Tiere erkennst du an:
- besonders großen Augen
- an „leuchtenden" Augen (siehe Seite 33)
- besonders großen Antennen und Fühlern

Nachtwanderung

Nachtabenteuer für Augen, Ohren, Nase

Wenn es dunkel ist, funktionieren deine Ohren besonders gut. Lausche ins Dunkel und nimm all die fremden Geräusche der Nacht wahr!

Nächtlichen Rabauken auf der Spur

Auf Feld und Wiese, im Wald und sogar schon rund ums Haus leben einige lärmende Nachttiere wie der katzengroße Steinmarder und der putzigkleine Siebenschläfer, in den Bäumen des Waldes auch der Baummarder:

Steinmarder

- Besonders im Sommer machen sie viel Lärm, denn nun ist Paarungszeit.
- Der lauteste Nachtgesell ist der Igel: macht Geräusche wie eine altersschwache Lokomotive.

✘ Igel anlocken

Das geht mit speziellem Igeltrockenfutter aus der Zoofachhandlung. Hörst du, wie er beim Fressen schmatzt?

Igel

Nachtwanderung

✘ Maikäfer

Von April bis Juni fliegen diese Käfer. Es knistert, wenn sie Eichen-, Buchen- und Obstbaumblätter fressen.

✘ Keine Angst vorm bellenden Hund im Wald!

Es kann ein Rehbock sein!

✘ Unheimlich! Leuchtende Tieraugen …

… besitzen Füchse, Katzen und andere Nachttiere, denn in ihren Augen gibt es einen Spiegel aus lichtreflektierenden Kristallen, das Tapetum lucidum. Sie leiten das Licht zweimal durch die Netzhaut – und verstärken es so.

Katze

- Tieraugen mit solch einem Spiegel leuchten im Scheinwerferlicht!

✘ Nasen-Abenteuer

Suche im Frühjahr an Waldwegen die kolbenförmigen Blüten des Aronstabes!
Vorsicht, der Aronstab ist eine Giftpflanze!
- Halte deine Hand ganz nah an den Kolben: Er ist warm.
- Rieche an dem Kolben: Er stinkt. Mit diesen Tricks lockt der Aronstab bestäubende Mücken an.

✘ Nachtdufter

Aronstab

Pflanze nachtduftende Blumen wie Nachtviolen, Lichtnelken, Seifenkraut, Wegwarte, Türkenbundlilie und Duftlevkoje in ein Beet.
Spannendes Ziel für kurze Nachtwanderungen: Dort finden sich gern Nachtfalter ein – und auch jagende Fledermäuse.

Nachtwanderung

Nachtabenteuer im Wald

Nirgendwo ist es nachts so dunkel und düster wie im Wald, unheimlich ist es dort – ein guter Platz für Abenteuer.

Es raschelt im Laub

Das können bei Nacht verschiedene Mäuse – Gelbhalsmäuse, Waldmäuse oder Rötelmäuse – sein, auch Spitzmäuse rascheln dann im Laub. Waldmäuse sind hervorragende Kletterer – und erzeugen Geräusche in den Kronen der Bäume und Büsche. Dort machen nachts auch
- Haselmäuse,
- Siebenschläfer und
- Baummarder jede Menge Radau.

Wo viele Mäuse sind, triffst du auch nächtliche Mäusejäger wie Füchse, Marder oder Eulen!

Siebenschläfer

Bei Regenwetter

In regnerischen Sommernächten sind Feuersalamander – die giftigsten Lurche bei uns, nicht anfassen – und natürlich Schnecken unterwegs.

Feuersalamander

Nachtwanderung

Wildwechsel an der Spurenfalle

Rehe, Wildschweine, Füchse, Dachse, Waschbären und all die anderen Tieren benutzen gern ausgetretene Pfade quer durch den Wald. An einer verengten Stelle eines Pfads legst du abends eine Spurenfalle an:
- eine dicke Schicht Sand oder feuchten Schlamm ausbreiten
- ganz glatt streichen
- am nächsten Morgen: Trittspuren sichten

Finde heraus, wer vorbeigekommen ist.

Töne im Sommerwald

- laute „pi-ee"-Rufe = junge Waldohreulen
- scharfe hohe „pisst"-Rufe = balzende Waldschnepfenmännchen
- kurze Pfeif- und Quiektöne in rascher Folge = Siebenschläfer in der Paarungszeit
- Fieplaute oder Hundegebell = Rehe

Abenteuer-Tipp
Besuche nachts ein Wildgehege, in dem Wildschweine, Rehe, Hirsche und andere Tiere gehalten werden. Wie viele Tiere zählst du?

✗ Achtung!
Wenn im Frühjahr Wildschweine Frischlinge führen, halte dich fern von ihnen!

Wildschwein

Der größte Käfer

Tatort Eichenwald: Dort lebt der bis zu 7,5 cm lange Hirschkäfer!
- schwärmt nachts aus in schwerfälligem Flug

Nachtwanderung

Nachtabenteuer auf Feld und Wiese

Rund um die Siedlungen warten Feld- und Wiesenlandschaften auf dich, bei Nacht!

Feld- und Wiesenmusikanten …

Feldgrille

✘ Bis tief in die Nacht hinein zirpen im Sommer die Männchen der **Feldgrillen**.
  - sind bis zu 50 m weit zu hören

Folge deinen Ohren und versuche, eine Feldgrille zu sehen. Nicht einfach!

✘ Hörst du ein Schnarren aus dem Boden? Das sind **Maulwurfsgrillen**:
  - 5 cm lang
  - jagen im Boden nach Kleintieren

✘ Stehen auf einer Weide **Rinder,** so leuchte sie mit deiner Taschenlampe an. Siehst du die leuchtenden Augen? Auch sie haben eine Spiegelschicht (siehe Seite 33).

Nachtwanderung

Glühwürmchen

= etwa 1 cm lange Leuchtkäfer
Männchen: sehen aus wie Käfer, können fliegen
Weibchen: sehen aus wie Insektenlarven, flügellos, sitzen im Gras
Grünliches Leuchten: kaltes Licht, entsteht durch Reaktion der beiden Stoffe Luciferin und Luciferase
- Fange ganz vorsichtig ein Glühwürmchen.
- Schau dir die Leuchtfarbe auf der Bauchseite an – mit und ohne Taschenlampe.
- Dann unversehrt wieder freilassen!

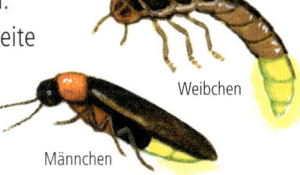

Weibchen
Männchen
Glühwürmchen

Wiesen-Eule

Beobachtest du ein „weißes Gespenst" bei der Mäusejagd, so hast du eine Schleiereule entdeckt!

Auf der Streuobstwiese

Dort, wo Apfel- und andere Obstbäume auf Wiesen wachsen, ist ein Paradies für Tiere, auch für Nachttiere. Breite eine Decke auf der Wiese aus und lass dich überraschen, welche Tiere vorbeikommen:
- Siebenschläfer, bewohnt auch Spechthöhlen.
- verschiedene Fledermäuse, bewohnen Spechthöhlen.
- Igel, schnauft, zischt, pfeift.
- Rotfuchs, mit Glück beobachtest du im Frühsommer junge Füchse beim Spiel.
- Steinkauz, macht vielfältige Töne: bellt, miaut, schnarcht, ruft „guhg", „gwuäg".

Fuchs

Nachtwanderung

Nachtabenteuer am Wasser

Weiher, Teich und See sind auch bei Nacht anziehend. Romantisch, wenn sich das Mondlicht auf dem Wasser spiegelt – und immer wieder blubbert es im Wasser: Wer war das wohl? Ein Fisch?

Kröten-Abenteuer

Wann? Im Frühling.
Wo? An Weihern, Teichen, Seen und langsam fließenden Gewässern.
Was? Hunderte von Fröschen und Kröten wandern bis zu mehrere Kilometer weit zu ihren Geburtsgewässern; dort paaren sie sich und laichen.
Wer? Ab Februar Grasfrösche, ab März Erdkröten.

- ✘ **Aha!** Männliche Erdkröten schwingen sich schon auf dem Hinweg auf den Rücken der größeren Weibchen und lassen sich tragen!
- ✘ **Aha!** Tauche deine Hand ins Wasser: Erdkrötenmännchen krallen sich gern daran fest – es gibt nämlich viel mehr als Weibchen!
- ✘ **Soso!** Nach dem Laichen verschwinden diese Lurche wieder aus dem Wasser.

Dann: Regelmäßig das Gewässer besuchen – Laichballen checken, Kaulquappen sichten, nach Molchen suchen.

Laichen = Eier legen bei den Lurchen (Amphibien)

Nachtwanderung

Kirchengeläut am Wasser

Achte ab Mai nachts auf die melodischen „uh-uh-uh"-Rufe der Gelb- und Rotbauchunken!

Erdkröten

Abenteuer-Tipp
Wenn im Frühjahr die Krötenzäune aufgestellt werden, ist deine Zeit gekommen: Melde dich bei einem örtlichen Naturschutzverein und hilf abends dabei, die hinter den Krötenzäunen in Eimern gefangenen Tiere über die Straße zu bringen.
Das macht Freude, hilft den Tieren und bringt dir viele Naturerlebnisse!

Im Sommer und Herbst

- Nun quaken im Wasser die Grünfrösche – das sind Teich-, See- und Wasserfrosch! Kannst du die beiden kaugummiblasenähnlichen Schallblasen in den Mundwinkeln erkennen?
- Im ufernahen Gebüsch quaken die Laubfrösche – sie besitzen eine große Schallblase am Mundboden.
- Jetzt sind nachts auch viele Enten mit ihren Jungen munter!
- Kannst du einen Graureiher bei der Jagd entdecken?
- Knapp über der Wasseroberfläche jagt die Wasserfledermaus frisch geschlüpfte Stechmücken – ach ja, die gibt es nun auch in Wassernähe.

Laubfrosch

Im Winter liegen Weiher, Teich und See still und ruhig da.

Nachtwanderung

Fliegende Wesen der Nacht

Den Luftraum machen nachts Eulen, Fledermäuse, Nachtfalter, Stechmücken, Schnaken und andere geflügelte Tiere unsicher.

Eulen, Jäger der Nacht

- beherrschen dank besonderer Federn an den Flügeln den lautlosen Flug
- können hervorragend sehen und hören

Waldkauz

Eulen-Abenteuer
Waldkauz = häufigste heimische Eule, lebt überall, wo Bäume stehen

✘ **Entdeckertipp 1:** Achte auf die Rufe – schaurig „huhu, huu" (Männchen), „kuwitt" (Weibchen).

✘ **Entdeckertipp 2:** Waldkauze sonnen sich tagsüber gern auf einem Ast – dort schimpfen oft die Singvögel.

Schleiereule

Schleiereule

lebt in waldarmen Feld- und Wiesenlandschaften, brütet in Gebäuden.

- sieht im Scheinwerferlicht wie ein weißer Geist aus

✘ **Entdeckertipp:** Achte auf die Rufe – kreischend „chrüüh".

Nachtwanderung

Fledermäuse, Kobolde der Nacht

Keine Angst, bei uns gibt es keine Vampire! Alle heimischen Fledermäuse ernähren sich nur von Insekten, sie tun dir nichts zuleide.

- beherrschen die Ultraschallortung: orientieren sich durch das Echo ihrer Rufe

Fledermaus

X Entdeckertipp: Mit einem Bat-Detektor kannst du diese Rufe hören.

Fledermaus-Abenteuer

Lausche auf feine Zwitschertöne in Hausverkleidungen, Baumstämmen, Fledermauskästen – dort könnten Fledermäuse wohnen.

Zwergfledermaus:
= häufigste heimische Fledermaus
= so groß wie ein Daumen, wiegt so viel wie ein Stück Würfelzucker
= jagt gern um Straßenlaternen

Breitflügelfledermaus:
= in Norddeutschland die häufigste Gebäude bewohnende Fledermaus
= bis zu 8 cm lang
= jagt in langsamem Flug in Baumnähe

Abendsegler:
= eine der größeren heimischen Fledermäuse
= so groß wie ein Star, wiegt bis zu 30 g
= jagt pfeilschnell mit bis zu 60 Stundenkilometern über den Bäumen, manchmal auch mit Mauerseglern am Tag

Nachtfalter

Nachtfalter

Nachts gibt es so viel mehr Nachtfalter als bei Tag. Manche sind klein und unscheinbar, andere richtig groß und bunt. So lockst du sie an: Leuchte mit der Taschenlampe fünf Minuten (nicht länger!) lang ein weißes Tuch an, das du in einen Ast gehängt hast: Wie viele Nachtfalter kannst du auf dem Tuch zählen?

Nachtwanderung

Gruseltieren auf der Spur

Nachts wirken viele kleine, dunkle Tiere noch gruseliger als bei Tag. Magst du deinem Lieblings-Gruseltier begegnen? Dann nichts wie raus.

Nervenkitzel pur: Spinnen

- spinnen Netze
- tauchen plötzlich auf
- huschen herum
- haben viele, oft lange Beine und haarige Körper
- sind nachts aktiv

Aber: Außer der Dornfingerspinne, die es bei uns nur in warmen, trockenen Gegenden gibt, kann uns keine heimische Spinne gefährlich werden!

Abenteuer-Tipp
Die Kreuzspinne sitzt nachts mitten im Netz.
- Streichle ihr vorsichtig über den Rücken.
- Nimm sie vorsichtig auf die Hand.
- Lass sie von deiner Hand abstürzen, sodass sie am Spinnfaden hängt.

Noch mehr Gruseltiere

An diesen Orten findest du sie:
- im Keller: große Hausspinnen, Totenkäfer, Tausendfüßer, Asseln
- auf der Terrasse unter Blumentöpfen und Kübeln: Ohrwürmer, Asseln

Nachtwanderung

Ohrwürmer:
= Insekten, Beweis: 6 Beine, Körper aus 3 Teilen (Kopf, Brust, Hinterleib), Männchen haben große gebogene Zangen am Hinterleibsende, Weibchen kurze gerade; können zwicken!

- im Gebüsch: Kreuz- und andere Spinnen

Spinnennetze:
Besprühe das Gebüsch mit einem feinen Wassernebel aus der Sprühflasche und mache Spinnennetze sichtbar!

- auf Wegen: Laufkäfer

Laufkäfer:
= bis zu 4 cm lang, räuberische Käfer, erbeuten Schnecken, Insekten, Spinnen und andere Kleintiere
Nicht anfassen! Kann kräftig zubeißen, versprüht stinkende Sekrete aus Mund und Analdrüsen

Laufkäfer

- an feuchten Bodenstellen: Tausendfüßer, Steinläufer, Erdläufer

Tausendfüßer:
= Pflanzenfresser, kann stinkiges Sekret versprühen

Steinläufer:
Der wehrhafte Jäger unter den Hundertfüßern, kann schmerzhaft zwicken!

- am Waldrand: Moderkäfer

Moderkäfer:
= bis zu 3,2 cm lang
Biegt bei Bedrohung seinen Hinterleib wie ein Skorpion nach oben, versprüht stinkende Flüssigkeit!

Tausendfüßer

Nachtwanderung

Spiele für die Dunkelheit

Bei Nacht machen Spiele mit einer Taschenlampe besonders viel Freude oder wenn es um gruselige Themen geht. Hier findest du ein paar Spielideen für dich und deine Freunde.

Der Grusel-Sack

Fülle in einen kleinen Sack verschiedene Gegenstände, von denen deine Freunde nichts wissen. Das können sein: ein Wiener Würstchen, eine mit etwas Wasser gefüllte, verknotete Plastiktüte, ein feuchter Lappen, eine verschrumpelte Kartoffel, eine Plastikspinne und andere Dinge, die sich merkwürdig bis eklig anfassen.

Der Erste greift in den Sack, holt einen Gegenstand hervor und erzählt eine Gruselgeschichte dazu. Dann ist der Nächste dran – so geht es reihum weiter.

Schattenspiele

Wirf mit der Taschenlampe einen Lichtkegel an die Zelt- oder Hauswand. Nun machst du mit deinen Händen und Fingern Fantasiefiguren. Erfindet auch eine Schattenspiel-Geschichte mit diesen Figuren.

Nachtwanderung

Was war das?

Ein Spiel für die Ohren: Ein Spieler macht im dunklen Wald ein Geräusch, dazu öffnet er etwa den Reißverschluss, zieht einen Zweig über den Boden oder wirft einen Zapfen ins Gras. Wer das Geräusch erraten hat, darf das nächste Geräusch erzeugen.

Verstecken

Das klassische Versteckspiel bekommt im Dunkeln eine besonders gruselige Note. Alle Mitspieler lassen die Taschenlampen aus, nur einer sucht mit seiner Taschenlampe nach den versteckten Freunden. Legt vorher einen Raum fest, in dem sich versteckt werden darf.

Nachtwanderung

Eine Nacht im Freien schlafen

Das ist das größte Abenteuer! Wähle für deine erste Nacht im Freien einfach einen Garten. Du brauchst nur Schlafsack und Isomatte, wenn du dich sehr ängstigst oder das Wetter ungewiss ist, ein Zelt.

Noch spannender, aber nur mit Erlaubnis möglich:
- eine Nacht im Wald
- am Ufer eines Gewässers
- in den Bergen

Waldbett

- aus Ästen, Fichtenzweigen, Laub und weichem Moos
  Eine Plane, die du über einen dicken Ast hängst und seitlich mit Steinen beschwerst, schützt dich von oben.

Licht aus!

Für kurze Zeit ist es dunkel, dann gewöhnen sich deine Augen an die Dunkelheit. Lausche den Geräuschen der Nacht.

Wenn du nachts aufwachst, schau dich um: Am Himmel sind die Sterne ein ganzes Stück weitergewandert. Was hörst du? Rehböcke bellen wie Hunde und die kleinen, harmlosen Igel verursachen die lautesten Geräusche.

Nachtwanderung

Steinkreis

Wie die Indianer kannst du deinen Schlafplatz mit einem Steinkreis schützen, indem du aus
- acht größeren Steinen einen Kreis um dein Lager bildest.
  Lege zuerst je einen Stein in den Süden, den Westen, den Norden und den Osten, dann in die Zwischenrichtungen Südwest, Nordwest, Nordost und Südost.

Lagerfeuer machen

Was wäre eine Nacht im Freien ohne Lagerfeuer? Wichtig sind:
- eine angelegte Feuerstelle auf offenem Boden, umgeben von Steinen
- Sand oder Wasser zum Löschen
- trockenes Feuerholz (Reisig, Papier, Äste, Zweige)

Abenteuer-Tipp
Zum Anzünden kannst du auch Kartoffelchips nehmen.

Am Feuer sitzen, dem Knistern zuhören, Flammen beobachten, Wärme genießen, Lieder singen, Gruselgeschichten erzählen, black stories lösen, Stockbrot backen und Würstchen grillen …
Viele Spiele für die Nacht findest du auf Seite 44/45!

Nachtwanderung

Nachtabenteuer der besonderen Art

Willst du die Nacht auf ganz besondere Weise erleben? Dann besuche eine Höhle oder ein Nachttierhaus in einem Zoo.

Flughunde

- So stockdunkel wie in einer Höhle ist es nirgendwo auf der Erde. Denn selbst wenn du stundenlang in einer dunklen Höhle verweilst, bleibt es dunkel. Angebote zu Höhlentouren gibt es in vielen Mittelgebirgen und in den Bergen.
- In einem Nachttierhaus ist es tagsüber dunkel und nachts hell. Darum kannst du dort nachtaktive Tiere der ganzen Welt wie Flughunde, Makis, Kiwis, Wüstenfüchse erleben, wenn sie wach sind. In manchen Zoos werden auch Nachtsafaris und Dschungelnächte angeboten.

Kiwi

Den Sternenhimmel entdecken

Lockt dich die Nacht nach draußen? Dann warten dort am Himmel spannende Abenteuer auf dich: Den Mond, die Sterne und auch die fernen Welten der Planeten unseres Sonnensystems kannst du am wolkenlosen Nachthimmel erkunden.

Für deine Abenteuertour brauchst du:

- eine Portion Mut
- viel Entdeckerfreude
- jede Menge Neugierde
- ein Fernglas oder Fernrohr

Beobachtungstipps

- Suche einen dunklen Ort auf, an dem es kein störendes Licht durch Straßenlampen etc. gibt – je dunkler die Umgebung, desto mehr Sterne werden am Himmel sichtbar.
- Damit es beim Gucken durchs Fernglas nicht so wackelt, stütze dich mit den Ellbogen auf einer festen Unterlage (Fensterbank, Balkonbrüstung, Zaun, Knie in Sitzposition) auf.

Der beste Platz für Sternenabenteuer liegt in den Bergen oder an der Meeresküste! Dort ist der Himmel richtig dunkel, weil störende Straßen- und Hausbeleuchtungen fehlen.

Sternenhimmel

Den Mond erkunden

Fast immer steht der Mond am Himmel, als Vollmond, als schmale Sichel, als Halbmond – nur bei Neumond ist er nicht zu sehen: Dann verweilt er unsichtbar am Taghimmel.

Mond-Wissen

- leblose, öde und unwirtliche Gesteinskugel
- keine Atmosphäre, keine Luft, keine Wolken
- Durchmesser: 3 476 km
- Temperatur: −170 bis 125 °C
- Dauer eines Mondtages: 27 Erdtage
- Entfernung von der Erde: rund 384 000 km
- Mondkrater: bis zu 300 km groß
- erster Mensch auf dem Mond: Neil Armstrong am 21. Juli 1969

Geheimnis der Mondphasen

Beobachte dazu einen Monat lang jeden Tag den Mond: In 27 Tagen umkreist der Mond einmal die Erde. Da die Erde in dieser Zeit ein Stück auf ihrer Bahn um die Sonne weitergewandert ist, braucht der Mond weitere 2,5 Tage, um von der Erde aus gesehen wieder an derselben Stelle zu stehen: Darum gibt es alle 29,5 Tage Vollmond!

Sternenhimmel

Mondsichel-Know-how

a = abnehmend, sieht die Sichel wie ein kleines a aus,
dann ist bald Neumond

z = zunehmend, sieht die Sichel wie ein kleines $\mathfrak{z}$ aus der
alten Frakturschrift aus, dann ist bald Vollmond

Kratergucken

Bei Halbmond: Schau dir mit dem Fernglas die Bereiche des Mondes an der Grenze von Schatten (Nacht) und Licht (Tag) an. Dort werfen die Kraterwälle lange Schatten, und du bekommst eine Ahnung, wie tief und groß sie sind.

Bei Vollmond: Manche Krater wie Tycho unten links sind von strahlenförmigen Strukturen umgeben.

Krater Tycho

Figuren sehen

Erkennst du das Muster an dunklen und hellen Mondflächen? Manche Menschen sehen darin ein Gesicht oder einen Hasen. Was siehst du?
- helle Mondflächen = Hochebenen
- dunkle Mondflächen = Flächen mit erstarrten dunklen Lavamassen, die gern Mondmeere genannt werden

Hast du gewusst, dass der Mond vor ungefähr 4 Milliarden Jahren entstand? Damals stieß die Erde mit einem planetengroßen Brocken zusammen. Aus den Bruchstücken, die nach dem Zusammenstoß davonflogen, bildete sich der Mond.

Sternenhimmel

Norden mit den Sternen finden

Genau im Norden steht der Polarstern! Er ist der einzige Stern am Himmel, der das ganze Jahr über an derselben Stelle steht. Er ist der „Nordpol" des Himmels. Der Sternenhimmel dreht sich um ihn.

Den Polarstern finden:

✗ mit dem Großen Wagen

Hast du den Großen Wagen gefunden, suchst du zunächst die Wagendeichsel. Blicke nun auf die andere Seite des Kastens und denk dir eine Linie zwischen diesen beiden hinteren Kastensternen. Diese gedachte Linie verlängerst du fünfmal – dort triffst auf einen mittelhellen Stern. Er steht ziemlich allein, weil er in einer sternenarmen Gegend steht: Das ist der Polarstern.

Der Große Wagen

- Teil des Sternbilds **Großer Bär**
- sichtbar das ganze Jahr
- Steht in jeder Jahreszeit anders am Nachthimmel: Im Frühjahr hängt er kopfüber besonders hoch am Himmel, im Herbst steht er „richtig" herum, befindet sich dann aber in der Nähe des Horizonts und kann von großen Gebäuden oder Bäumen teilweise verdeckt sein.

Sternenhimmel

✘ mit Kassiopeia

- steht das ganze Jahr hoch am Himmel
- Im Herbst und Winter sehen die fünf hellsten Sterne wie ein riesiges **M** aus, im Frühling und Sommer bilden sie den Buchstaben **W**. Die mittlere Spitze vom M oder W zeigt immer zum Polarstern, der drei Handbreit weit entfernt ist.

zum Polarstern

Abenteuer-Tipp

Richte einen Fotoapparat auf einem Stativ zum Polarstern und lass das Objektiv einige Minuten oder eine Stunde lang geöffnet. Auf dem Foto hältst du die Kreisbewegung der Sterne um den Polarstern fest.

Sternenhimmel

Dein Geburtstags-Sternbild finden

13 Sternbilder gehören zum Tierkreis. Sie umgeben den Sternenhimmel wie einen Gürtel – gleichzeitig kannst du aber nur drei oder vier Sternbilder am Nachthimmel entdecken.

Viele Sternbilder im Tierkreis bestehen nur aus recht lichtschwachen Sternen oder stehen wie Skorpion und Schütze nur knapp über dem Horizont. Am markantesten sind die Sternbilder
- Löwe im Frühjahr
- Stier und Zwillinge im Winter.

Ein MUSS für Sternenabenteurer! Hast du sie gefunden? ....

Reise durch den Tierkreis

Weil die Umlaufbahn der Erde um die Sonne auf derselben Ebene liegt wie die der Planeten, bewegen sich die Sonne, der Mond und auch die Planeten scheinbar durch die Sternbilder des Tierkreises.

Was ist dein Tierkreis-Sternbild?

Wann hast du Geburtstag? ....

Dann schau gleich nach, in welchem Sternbild die Sonne an deinem Geburtstag steht. Das tut sie jedes Jahr, denn die Sonne wandert einmal im Jahr durch den Tierkreis.

Sternenhimmel

An diesem Tag wandert die Sonne in dieses Sternbild:

19. Januar	Steinbock
16. Februar	Wassermann
12. März	Fische
18. April	Widder
14. Mai	Stier
21. Juni	Zwillinge
20. Juli	Krebs
10. August	Löwe
16. September	Jungfrau
31. Oktober	Waage
23. November	Skorpion
29. November	Schlangenträger
18. Dezember	Schütze

Abenteuer-Tipp
Um einen Planeten zu finden, musst du einfach in den Sternbildern des Tierkreises nach einem ungewöhnlichen „Stern" gucken, der offensichtlich nicht zum Sternbild gehört und auch noch im Verlauf von mehreren Nächten seine Position ändert – das ist ein Planet!!

So findest du dein Tierkreis-Sternbild

Ungefähr ein halbes Jahr vor oder nach deinem Geburtstag steht das Sternbild, in dem die Sonne an deinem Geburtstag steht, am Abendhimmel. Das ist dein Geburts-Tierkreis-Sternbild. Das musst du dir anschauen!

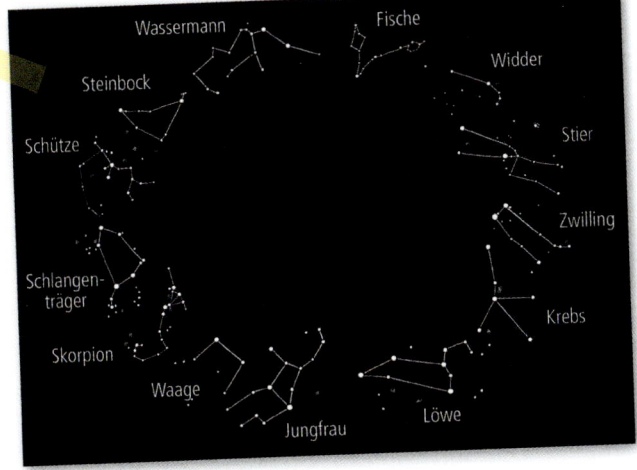

Sternenhimmel

Den schönsten Sternenhimmel im ganzen Jahr

... gibt es im Winter. So viele helle Sterne sowie schöne und markante Sternbilder findest du zu keiner anderen Jahreszeit am Himmel. Wie gut, dass es früh dunkel wird und die Nächte lang sind.

Sternbild Stier

- gehört zum Tierkreis
- Abenteuer: Der hellste Stern darin ist Aldebaran, sein Licht leuchtet leicht rötlich. Dieser Stern ist das „rote Auge" des Stiers und rund 25-mal schwerer als unsere Sonne.

Sternenhimmel

Abenteuer-Tipp
Im Stier in der Nähe von Aldebaran findest du den Sternhaufen der Plejaden, der rund 150 Sterne enthält. Zähle einmal, wie viele du mit bloßem Auge erkennen kannst? Sieben müssen es auf jeden Fall sein, denn dieser Sternhaufen heißt auch Siebengestirn.

Sternbild Zwillinge

- gehört zum Tierkreis
- Abenteuer: Auffällig sind die beiden fast gleich hellen Sterne Kastor und Pollux. Schau dir Kastor – den rechten der beiden – in einem Fernrohr an: Erkennst du, dass er aus zwei Sternen besteht?

Orion, der Himmelsjäger

- das auffälligste und schönste unter den vielen auffälligen Sternbildern
- Die beiden hellsten Sterne sind Beteigeuze (oben links) und Rigel (unten rechts).
- Die drei eng beieinanderstehenden Sterne in der Mitte des Sternbildes stellen den Gürtel Orions dar. Unterhalb dieses Gürtels findest du den schönsten Gasnebel am Sternenhimmel mit dem Namen M 42. Schau ihn dir unbedingt mit einem Fernrohr an.

Rund um Orion:

- Links von Orion kannst du noch zwei helle Sterne entdecken: Der höhere der beiden ist Prokyon (im Sternbild Kleiner Hund), knapp über dem Horizont schließlich findest du den hellsten Stern am Sternenhimmel: Sirius (siehe auch Seite 58)!

Sternenhimmel

Rekordsterne entdecken

Heute bist du den größten, hellsten und am weitesten entfernten Himmelsobjekten auf der Spur!

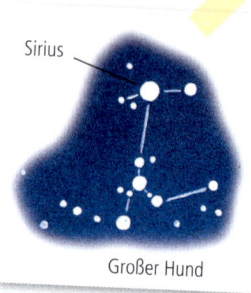

Sirius

Großer Hund

Sirius – der hellste Stern am Himmel

- sichtbar von Herbst bis Frühling
- Du findest ihn links vom Sternbild Orion, die Gürtelsterne weisen auf ihn.
- Sirius leuchtet grell weiß und ist recht nah: Neun Lichtjahre ist er nur von uns entfernt. Wird auch Hundsstern genannt!

Abenteuer-Tipp
Unterhalb von Sirius steht ein schöner Sternhaufen, M 41, den du in sehr klaren Nächten auch mit bloßem Auge sehen kannst.

Granatstern Mü Cephei – der größte Stern im Weltall

- sichtbar das ganze Jahr über
- steht im unscheinbaren Sternbild Kepheus, das vor Kassiopeia um den Polarstern kreist
- Mü Cephei ist gerade noch mit bloßem Auge erkennbar: Er ist tiefrot wie ein Granat und 2 400-mal größer als die Sonne. Wäre unsere Sonne so groß wie dieser Riesenstern, würde sie bis zur Umlaufbahn von Uranus reichen!
- ✗ Übrigens, der helle Morgen- und Abendstern ist kein Stern, sondern der Planet Venus (siehe Seite 63)!

Sternenhimmel

Andromeda-Galaxie – das weiteste mit dem bloßen Auge sichtbare Himmelsobjekt

- sichtbar von Herbst bis Winterende
- Wenn du die Andromeda-Galaxie im Sternbild Andromeda anschaust, schaust du 2,2 Millionen Jahre in die Vergangenheit. So lange braucht das Licht, bis es die Erde erreicht.
- Diese Galaxie ist doppelt so groß wie die Milchstraße.

Wasserschlange – das größte Sternbild am Himmel

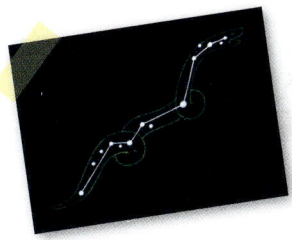

- sichtbar im Frühjahr
- Unterhalb der Tierkreis-Sternbilder Krebs, Löwe und Jungfrau schlängelt sich die Wasserschlange, die aus recht lichtschwachen Sternen besteht, aber das flächenmäßig größte und längste Sternbild ist.

Jungfrau – das zweitgrößte Sternbild am Himmel

- gehört zum Tierkreis
- sichtbar von Winterende bis Sommeranfang
- Der hellste Stern in diesem zweitgrößten Sternbild ist Spika, der 2 300-mal heller leuchtet als unsere Sonne. Dieser Stern gehört nicht zu unserer Milchstraße und ist 275 Lichtjahre entfernt.

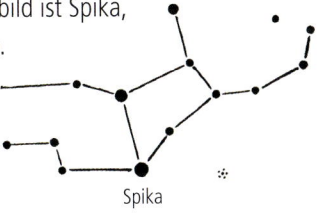

Spika

Sternenhimmel

Sternenzeichen am Himmel suchen

In jeder Jahreszeit kannst du riesige Dreiecke und Vierecke am Nachthimmel finden.

Frühlings-Dreieck

- Schaue im Frühling nach Süden: Dort fallen dir gleich drei sehr helle Sterne auf, die ein Dreieck bilden. Das sind Arktur, Regulus und Spika.
  - Arktur = der hellste der drei Sterne, steht im Sternbild Bootes, ist ein sehr alter Stern.
  - Regulus = steht fast auf gleicher Höhe wie Arktur, gehört zum Sternbild Löwe.
  - Spika = steht zwei Handbreit unter Arktur, gehört zum Sternbild Jungfrau.

Sommer-Dreieck

- Schaue im Sommer nach Süden: Drei auffallend helle Sterne bilden ein großes Dreieck. Das sind Wega, Deneb und Atair.
  - Wega = hellster Stern der drei und gleichzeitig der hellste Stern am Sommerhimmel, gehört zum Sternbild Leier.
  - Deneb = steht links oberhalb von Wega, gehört zum Sternbild Schwan.
  - Atair = steht drei Handbreit unterhalb von Wega und Deneb, gehört zum Sternbild Adler.

Sternenhimmel

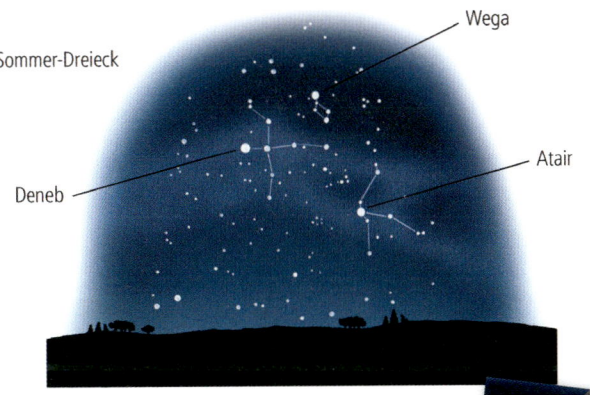

Herbst-Viereck

■ Schaue im Herbst nach Süden: Dort entdeckst du sofort ein großes Quadrat aus hellen Sternen. Alle vier Sterne an dessen Ecken gehören zum Sternbild Pegasus, dem geflügelten Pferd. Die vier Sterne bilden den Vorderkörper des Pferds, die Sternenkette rechts unten sind Hals und Kopf.

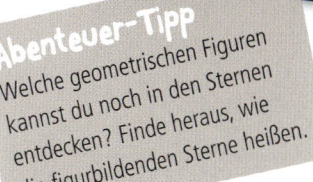

Abenteuer-Tipp
Welche geometrischen Figuren kannst du noch in den Sternen entdecken? Finde heraus, wie die figurbildenden Sterne heißen.

Milchstraße

= Galaxie, zu der unsere Sonne mit der Erde und den anderen Planeten gehört
- ■ besteht aus rund 200 Milliarden Sternen
- ■ Licht reist über 100 000 Jahre von einem Ende zum anderen
- ■ ist ein helles Sternenband am Himmel
- ■ ab August in klaren, mondlosen Nächten besonders gut am Himmel sichtbar!

Sternenhimmel

Planeten finden

Nicht nur die Erde, auch sieben weitere Planeten kreisen um die Sonne. Venus, Mars, Jupiter und Saturn kannst du leicht mit bloßem Auge entdecken, manchmal auch den sonnennahen Merkur!

Planeten sind keine Sterne, denn sie erzeugen kein Licht. Du kannst sie nur sehen, weil sie das Sonnenlicht reflektieren.
Das Licht der Planeten funkelt kaum und strahlt viel ruhiger als das oft unruhige Sternenlicht.
Planeten stehen nur in den Sternbildern des Tierkreises. Nur dort musst du sie suchen.

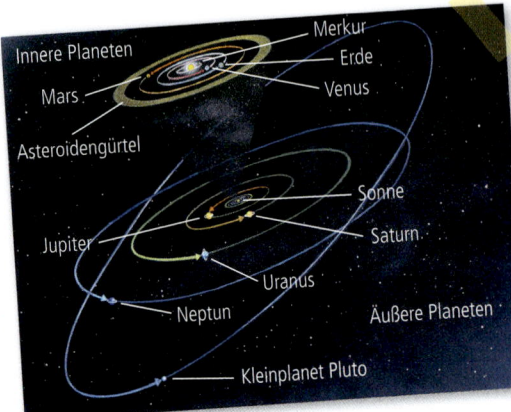

Planeten merken, leicht gemacht

Merksatz für die acht Planeten unseres Sonnensystems:
Mein **V**ater **e**rklärt **m**ir **j**eden **S**onntag **u**nseren **N**achthimmel.
Die Anfangsbuchstaben jedes Wortes stehen für einen Planeten:
Merkur – **V**enus – **E**rde – **M**ars – **J**upiter – **S**aturn – **U**ranus – **N**eptun.
Merkur ist der sonnennächste Planet, Neptun der sonnenfernste!
Übrigens enthält das letzte Wort Nachthimmel die Zahl acht – so viele Planeten gibt es in unserem Sonnensystem.

Sternenhimmel

Venus, der Morgen- und Abendstern:

- aufspürbar abends nach Sonnenuntergang im Westen oder morgens vor Sonnenaufgang im Osten
- im Fernrohr sichtbar: Mal ist die Venus groß und sichelförmig, mal kleiner und rundlich – so wie unser Mond zeigt sie einzelne Phasen (Vollvenus, Halbvenus, Neuvenus).

Mars:

- strahlt rötlich, wandert schnell am Himmel, wurde schon von Marsmobilen besucht, die Fotos knipsten und Gesteine sammelten

Jupiter:

- der größte Planet in unserem Sonnensystem, wäre er so groß wie die Sonne, könnte er leuchten
- im Fernrohr sichtbar: vier Monde (Ganymed, Kallisto, Io und Europa) und der Große Rote Fleck, ein Wirbelsturm, der dreimal so groß wie die Erde ist

Großer Roter Fleck

Saturn:

- der zweitgrößte Planet
- im Fernrohr sichtbar: die markanten Ringe

Venus, Jupiter und Mars können heller als der hellste Stern Sirius sein!

Sternenhimmel

Sternschnuppen jagen

Jede Nacht fallen kleine Gesteinsstücke auf die Erde. Wenn sie durch die Atmosphäre sausen, hinterlassen sie eine Lichtspur: die Sternschnuppe!

Normale Nacht: etwa zehn Sternschnuppen pro Stunde

Super-Sternschnuppen-Nächte!

Die Erde wandert in diesen Nächten durch einen Schwarm von Meteoritensplittern – dann „regnet" es nur so Sternschnuppen.
- 1. – 6. Januar: bis zu 100 Sternschnuppen pro Stunde, manchmal sogar 200 pro Stunde

Abenteuer-Tipp
Jeden Tag fallen auch größere Gesteins- oder Metallbrocken aus dem Weltall auf die Erde: Bei ihrem Fall durch die Atmosphäre erzeugen sie spektakuläre Feuerbälle!

Sternenhimmel

- 1. – 8. Mai: bis zu 60 Sternschnuppen in der Stunde
- 10. – 14. August: bis zu 110 Sternschnuppen pro Stunde, die beste Zeit für Sternschnuppenjäger
- 14. – 28. Oktober: bis zu 40 Sternschnuppen pro Stunde
- 15. – 19. November: bis zu 50 Sternschnuppen pro Stunde, alle 33 Jahre (also etwa im Jahr 2039) sogar über 1 000 Sternschnuppen pro Stunde
- 7. – 15. Dezember: rund 60 Sternschnuppen pro Stunde

Wünsch dir was, wenn du eine Sternschnuppe siehst!

Meteoritenkrater

Noch größere Gesteins- oder Metallbrocken aus dem Weltall hinterlassen Einschlagkrater auf der Erde, so wie auf dem Mond.
- bisher bekannt: rund 170 Meteoritenkrater auf der Erde
- der jüngste = Meteor Crater in Arizona, USA: ungefähr 50 000 Jahre alt, 1,5 km breit, 170 m tief

Höhepunkte:

- vom 90 m hohen Turm der St.-Georgs-Kirche in Nördlingen: super Blick auf den Kraterrand
- Nördlinger Ries-Museum: Spannendes über den Meteoriteneinschlag

Abenteuer-Tipp
Besuche das Nördlinger Ries und das Steinheimer Becken in Bayern. Dort schlugen vor rund 15 Millionen Jahren ein 1 km großer Asteroid und ein 150 m großer Begleiter ein, und zerstörten im Umkreis von 100 km alles Leben!
Nördlinger Ries: 24 km breit, 100 m tief
Steinheimer Becken: 3,8 km breit, 100 m tief

Sternenhimmel

Kometen

Besucher aus dem All – das sind die Kometen! Sie tauchen überraschend auf, aber von manchen kennen wir auch die riesigen Umlaufbahnen um die Sonne.

Komet

= schmutziger Schneeball, denn es ist ein Brocken aus Eis, Staub und Gesteinen Die meiste Zeit auf ihrem langen Weg um die Sonne, der sie weit hinaus ins Weltall führt, sind sie unscheinbar. Erst in Sonnennähe schießen wegen der Wärme der Sonnenstrahlen mehrere Millionen Kilometer lange Fontänen aus Gas und Staub aus ihnen heraus – das ist der Kometenschweif.

Richtig helle Kometen sind selten und tauchen nur alle 5–10 Jahre am Himmel auf. Die meisten können wir nicht mit bloßem Auge sehen.

Satelliten und die Raumstation

Ziehen Lichtpunkte über den Nachthimmel, schau genau hin. Meist sind es Flugzeuge – du erkennst sie an den blinkenden Lichtern. Wenn der Lichtpunkt nicht blinkt, könnte es ein Satellit sein.

Sternenhimmel

Abenteuer Satellit

Tausende von künstlichen Telefon-, Fernseh-, Wetter- und Geo-Satelliten umkreisen die Erde.

- sichtbar nur in den ersten beiden Stunden nach Sonnenuntergang oder vor Sonnenaufgang (weil sie dann von der Sonne angestrahlt werden)
- heller Lichtpunkt, blinkt nicht, zieht mit gleicher Geschwindigkeit geradeaus am Himmel entlang

Die Internationale Raumstation ISS

= das größte künstliche Himmelsobjekt
= das größte internationale Projekt aller Zeiten
= bemannte Raumstation, die in 350 km Höhe um die Erde kreist

- sichtbar wenige Stunden nach Sonnenuntergang oder vor Sonnenaufgang: Auf der Internetseite www.heavens-above.com erfährst du, wann die ISS das nächste Mal bei dir vorbeizieht.
- typisch: heller, gleichmäßig dahinziehender Lichtpunkt

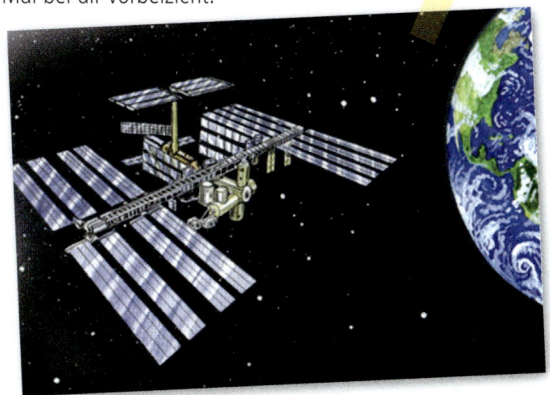

Sternenhimmel

Wenn Mond und Sonne finster werden

... dann stehen Sonne, Mond und die Erde auf einer Linie. Jedes Jahr gibt es ein bis zwei Mondfinsternisse und zwei bis drei Sonnenfinsternisse!

Mondfinsternis:

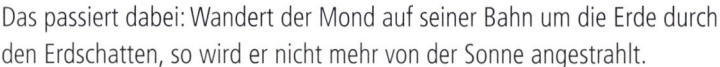

- Erde steht zwischen Mond und Sonne.
- findet nur bei Vollmond statt

Das passiert dabei: Wandert der Mond auf seiner Bahn um die Erde durch den Erdschatten, so wird er nicht mehr von der Sonne angestrahlt.

✘ Totale Mondfinsternis: Der ganze Mond tritt in den Erdschatten ein.
✘ Partielle (teilweise) Mondfinsternis: Meist wandert nur ein Teil des Mondes durch den Erdschatten, während der andere Teil noch im hellen Sonnenlicht liegt.

Abenteuer Mondfinsternis

In diesen Nächten kannst du bei uns eine Mondfinsternis beobachten:

19.11.2021: beobachtet ○
16.05.2022: beobachtet ○
05.05.2023: beobachtet ○
28.10.2023: beobachtet ○
25.03.2024: beobachtet ○
18.09.2024: beobachtet ○

14.03.2025: beobachtet ○
07.09.2025: beobachtet ○
28.08.2026: beobachtet ○
20.02.2027: beobachtet ○
12.01.2028: beobachtet ○
06.07.2028: beobachtet ○

Sternenhimmel

Sonnenfinsternis:

- Mond steht zwischen Erde und Sonne.
- findet nur bei Tag statt
- Dauer 6 bis 8 Minuten

Das passiert dabei: Der Mond verdeckt die Sonne – dort, wo dies von der Erde aus sichtbar ist, wird es am helllichten Tag dunkel, die Straßenlampen gehen an, die Vögel verstummen, es wird merklich kühler.

✘ Totale Sonnenfinsternis: Der Mond verdeckt die ganze Sonne.
✘ Ringförmige Sonnenfinsternis: Der Mond bedeckt nicht die ganze Sonne, rund um die Sonne ist ein leuchtender Ring zu sehen.
✘ Partielle (teilweise) Sonnenfinsternis: Der Mond bedeckt nur einen Teil der Sonne.

Abenteuer Sonnenfinsternis

An diesen Tagen kannst du bei uns eine Sonnenfinsternis (SF) beobachten:

10.06.2021:	ringförmige SF	beobachtet ○
25.10.2022:	partielle SF	beobachtet ○
29.03.2025:	partielle SF	beobachtet ○
12.08.2026:	totale SF	beobachtet ○
02.08.2027:	totale SF	beobachtet ○

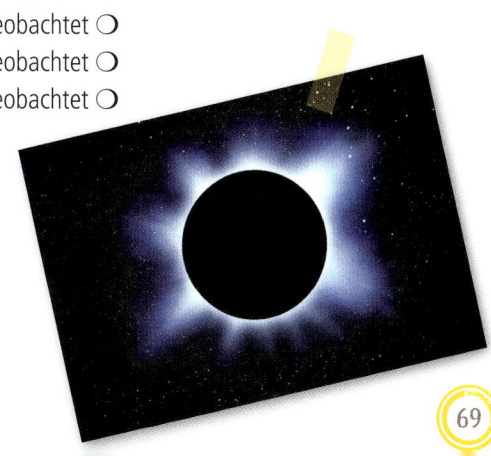

Sternenhimmel

Sternenabenteuer der besonderen Art

Willst du das erleben? Dann besuche ein Planetarium oder eine Sternwarte.

- Im Planetarium sitzt du wie im Kino auf einem bequemen Stuhl. Über dir ist eine große Kuppel, auf die die Sterne projiziert werden. Du meinst, du würdest in einer sternenklaren Nacht draußen stehen – und das sogar, wenn es draußen helllichter Tag ist.

- In der Sternwarte gibt es riesige Teleskope, durch die du ferne Sterne, Galaxien und andere Himmelsobjekte stark vergrößert beobachten kannst. Auch die Planeten sehen durchs Teleskop richtig groß aus!

Orientierung mit Karte, Kompass & Co.

Auf Abenteuertour zu gehen ist super! Man lernt dabei unbekannte Wege kennen und entdeckt Neues: Damit du bei Expeditionen nicht verloren gehst, musst du dich auch im Gelände auskennen. Orientierung heißt das Zauberwort.

Sich in einer Stadt zu orientieren, ist viel leichter als in der Natur. Jede Straße hat einen Namen, meist sind Kirchtürme oder andere markante Gebäude weithin sichtbar, und Straßenschilder weisen dir die Richtung.
In Wald, Feld und Flur, an Bach, Fluss und See, in den Bergen ist das anders: Dort gibt es zwar auch Wegweiser oder bunte Zeichen, aber sie kommen viel seltener vor. Wenn du dort unterwegs bist, solltest du dich gut orientieren können. Wie das geht und was dabei wichtig ist, erfährst du auf den nächsten Seiten.

Zum Orientieren brauchst du:

- jede Menge Neugierde
- eine Wanderkarte oder eine Karten-App
- einen Kompass oder ein GPS

Orientierung

Karten lesen

In einer Karte findest du alle wichtigen Informationen über die darauf abgebildete Gegend. Sie ist ein Bild der Landschaft im Kleinen.

Auf einer Landkarte sind die Straßen und Wege, Flüsse, Seen und Berge, Gebäude und Siedlungen verkleinert abgebildet. Es ist so, als ob du von oben auf die Landschaft runterschaust.

Die Karten sehen verschieden aus, denn um sich in einer Stadt zu orientieren, benötigst du eine andere Karte als ein Autofahrer, der von Hamburg an den Bodensee fahren möchte.
Es gibt verschiedene Arten von Karten:
- Stadtplan: Darin sind Straßen, Gebäude, Plätze eingezeichnet.
- Straßenkarte: Darin erkennst du verschiedene Straßentypen wie Autobahn, Bundesstraße, Landstraße oder Feldweg.
- Wanderkarte: Das sind meist topografische Karten, in denen die genaue Landschaft (Wald, Wiese, Berg, Tal) eingezeichnet ist.

Für deine Abenteuertouren sind topografische Wanderkarten im Maßstab 1 : 25 000 richtig!

Orientierung

Maßstab

= drückt Verhältnis zwischen Karte und Natur in Zentimetern aus

Es gibt Karten in verschiedenem Maßstab. Der Maßstab verrät dir, wie stark ein Gebiet auf der Karte verkleinert ist. Auf manchen Karten ist ein ganzes Land abgebildet, auf anderen nur ein kleines Gebiet von 10 x 10 Kilometern.

Umrechnungstabelle

1 cm auf der Karte entspricht
bei einem Maßstab von

1 : 1 000 000	10 km
1 : 150 000	1,5 km
1 : 50 000	500 m
1 : 25 000	250 m in der Natur

✗ Aha!

Das haben alle Karten gemeinsam: Norden ist immer oben!
Links ist Westen, rechts Osten und unten Süden.

Merksatz zu den Himmelsrichtungen:
Nie **o**hne **S**eife **w**aschen. = **N**orden **O**sten **S**üden **W**esten

Orientierung

Unterwegs mit der Karte

Eine topografische Wanderkarte verrät dir noch mehr als nur die Entfernung zu deinem Ziel. Sie gibt dir alles, was du brauchst, um dorthin zu kommen, wo du hinwillst.

Das alles verrät dir eine topografische Karte:

Beachte die unterschiedlichen Farben. Sie haben eine Bedeutung und verraten dir den Typ der Landschaft:
Schwarz = Gebäude, Wege und Bahnlinien
Rot = Straßen und Wege
Grün = Pflanzenwuchs
Braun = Bodenformen, Höhenlinien
Blau = Fluss, See, Meer und andere Gewässer

Steil oder flach?

Anhand der braunen Höhenlinien erkennst du, ob eine Gegend flach oder bergig ist. Jede Höhenlinie verbindet Punkte, die gleich hoch sind. Wenn du eine Höhenlinie entlang laufen könntest, würdest du immer auf einer Ebene laufen.
Sind die Höhenlinien dicht beieinander, so ist das Gelände steiler.
Sind die Abstände zwischen den Höhenlinien groß, so ist das Gelände flacher.

Orientierung

Legende

Jede Karte hat eine Legende, in der die verwendeten Symbole erklärt werden.
Diese Symbole können Ruinen oder Kirchen, Straßen, Brücken oder Gruben oder auch ein Zeltplatz oder Wald sein. Schau sie dir an, denn diese symbolisierten Gebäude und Landschaftsmerkmale helfen dir, dich zu orientieren.

Karten-App

Moderne Karten-Apps zeigen dir die Landschaft auf dem Smartphone. Da du sie aber zoomen kannst, ist es schwieriger, Entfernungen einzuschätzen.

Vor einer Tour zu Fuß oder mit dem Fahrrad legst du in der Karte eine Route fest. Beachte bei der Länge, dass du zu Fuß etwa 4 bis 5 km in der Stunden laufen kannst (in steilem Gelände evtl. auch nur 2 km pro Stunde) und mit dem Fahrrad etwa 15 km in der Stunde schaffst.

Orientierung

Den Standort bestimmen

Nun bist du draußen mit deiner Karte unterwegs und fragst dich, wo bin ich? Das findest du leicht mithilfe der Karte raus – und zwar so:

1. Schau dich an der Stelle, an der du gerade stehst, in alle Richtungen um.
2. Suche ein markantes Gebäude wie ein Schloss, einen Fernsehturm, oder eine markante Landschaft, einen Teich an einem Waldrand oder eine auffällige Wegkreuzung.
3. Suche nun diese markante Stelle auf der Karte.
4. Dreh die Karte so lange, bis sie in genau dieselbe Richtung zeigt wie dein Blick auf diesen markanten Punkt.
5. Nun weißt du, wo du bist.
6. Dort, wo auf der Karte oben ist, ist Norden.
7. So kannst du auch die anderen Himmelsrichtungen leicht bestimmen.

Um ganz sicherzugehen, suche von deinem Standort noch eine zweite markante Stelle. Dort, wo sich die Linien treffen, stehst du gerade.

Orientierung

Genau hinschauen

Das ist wichtig. Überprüfe, ob das, was du siehst, auch mit dem übereinstimmt, was in der Karte gezeichnet ist. Macht der Flusslauf vor deinen Augen auch wirklich eine u-förmige Schleife? Befindet sich das Schloss tatsächlich links vom kleinen Dorf? Sollte das Schloss nämlich auf der rechten Seite liegen, so würdest du von der anderen Seite aus auf Dorf und Schloss schauen.

Üben macht den Meister

Dieser alte Spruch stimmt: Übe das Kartenlesen und das Standortbestimmen mithilfe der Karte rund um dein Zuhause.

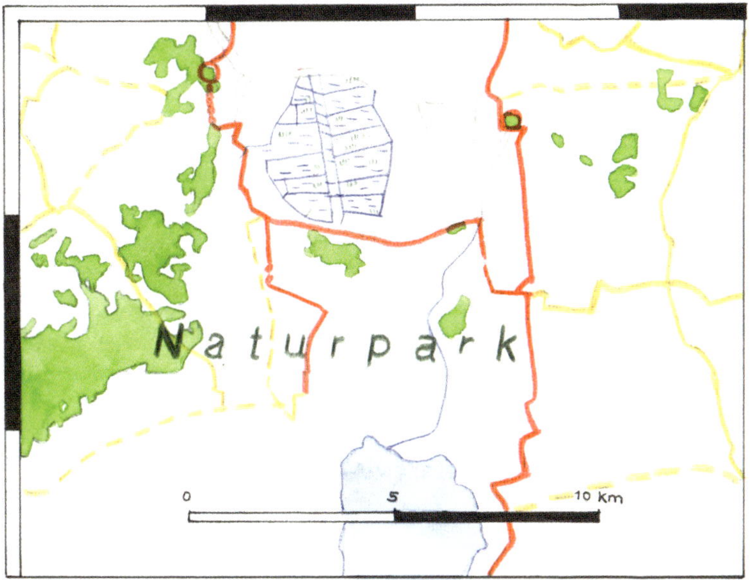

Orientierung

Mit dem Kompass orientieren

Der kleine Kompass zeigt dir zuverlässig, bei Tag und bei Nacht, bei Wind und Wetter, bei Nebel und Sturm, wo Norden liegt.

So funktioniert der Kompass

Kompass besteht aus:

- beweglicher magnetischer Kompassnadel in einem mit Flüssigkeit gefüllten Gehäuse
- Skala oder Windrose mit den Himmelsrichtungen

Die Kompassnadel ist ein Magnet mit einem Nord- und Südpol an den Spitzen. Die Spitzen werden vom Magnetfeld der Erde angezogen und richten sich stets in Nord-Süd-Richtung aus. Darum zeigt die rote Spitze der Kompassnadel (Nordpol) nach Norden, die andere (Südpol) nach Süden.

Norden finden

= einnorden (so nennen es die Experten)

1. Lege den Kompass auf einen festen Untergrund.
2. Warte, bis sich die Nadel nicht mehr bewegt.
3. Die dunkle Nadelspitze zeigt nach Norden.
4. Lege deine Karte so hin, dass das obere Ende ebenfalls nach Norden zeigt.
5. Nun stimmt die Landschaft, die vor dir liegt, mit der Landschaft auf der Karte überein.

Orientierung

Kompass selber machen

Das geht ganz einfach!
Du brauchst dazu:
- eine Schraube
- einen kräftigen Magnet
- einen langen, dünnen Faden
- Windrose

Das ist deine Vorlage für die Windrose:

Streiche mehrmals mit dem Magneten an der Schraube entlang, damit sie magnetisch wird.
Hänge die Schraube an den Faden.
Platziere die Windrose unter die Schraube.
Fertig ist dein Kompass!

Orientierung

Auf Kompass-Tour

Nun hast du genug mit Karte und Kompass geübt, jetzt geht es raus ins Gelände!

Ziele für Kompass-Abenteuer

- der höchste Hügel in deiner Nähe
- der nächste Pferdehof
- der nächstgelegene Waldsee
- die nächstgelegene Ruine
- die nächstgelegene Höhle
- ....

Unterwegs mit dem Kompass

Du weißt ja, dass die rote Spitze des Kompasses nach Norden zeigt. Was musst du tun, wenn dein Ziel aber nicht im Norden liegt, sondern in einer anderen Richtung?
Ganz einfach:
1. Drehe den drehbaren Ring des Kompassgehäuses so, dass am Laufrichtungspfeil (= Kurspfeil) diese Richtung eingestellt ist.
2. Nimm den Kompass ganz ruhig waagerecht in die Hand, bewege oder drehe ihn nicht, denn nun musst du dich so lange langsam drehen, bis die rote Spitze der Kompassnadel auf Norden zeigt.

Orientierung

Wichtig! Vergewissere dich, dass es auch tatsächlich die rote Spitze ist und nicht die andere, sonst läufst du genau in die falsche Richtung!

3. Jetzt zeigt der Laufrichtungspfeil in die Richtung, in die du laufen möchtest.
4. Suche dir in der richtigen Richtung einen markanten Punkt in der Ferne, auf den du nun zuläufst.

Immer auf dem richtigen Kurs

Bleib alle 100 m stehen und prüfe, ob du noch in die richtige Richtung gehst. Dazu guckst du dir einen markanten Punkt in Zielrichtung aus (z. B. einen großen Baum) und überprüfst den richtigen Kurs mit dem Kompass, wenn du diesen Punkt erreicht hast.

Achte draußen auch immer auf den Stand der Sonne (bei Tag) und des Polarsterns (bei Nacht), die ebenfalls wichtige Hinweise auf die Himmelsrichtungen geben.

Orientierung

Mit dem GPS-Gerät orientieren

Um die Erde kreisende Satelliten machen es möglich, dass du mit deinem GPS-Gerät (fast) überall auf der Erde deine genaue Position feststellen kannst.

GPS = **G**lobal **P**ositioning **S**ystem
Auf Deutsch: Globales Navigationssatellitensystem

Mit dem GPS-Gerät unterwegs

Du gibst zu Hause am PC die Strecke, die du laufen möchtest, ein oder lädst dir eine komplette Abenteuer-Draußen-Tour herunter. Schon weist dir dein GPS-Gerät den Weg zum Ziel, so wie es ein Auto navigiert.
Das klingt kinderleicht, aber dennoch solltest du Kompass und Karte nicht nur kennen, sondern auch mitnehmen. Denn du musst einplanen, dass das GPS-Gerät unterwegs ausfällt, weil …

- es zu viel Strom verbraucht.
- es keine Verbindung zum Satelliten aufbauen kann.
- die Technik ausfällt.

Darum schaue dir eine Tour auch auf der Karte an!

Dein GPS-Gerät weiß nicht nur, wo du dich gerade aufhältst. Du kannst darin auch deine Ziele eingeben und das Gerät leitet dich dorthin. Natürlich musst du den Wegen folgen und nicht querfeldein laufen, doch das GPS-Gerät zeigt dir stets die Richtung.

Orientierung

Dein GPS-Gerät einrichten

- Lerne zu Hause, wie du dein GPS-Gerät bedienst!
- Du kannst die Koordinaten deines Ziels per Hand oder über eine Verbindung zum PC eingeben.
- Übe viel rund ums Haus: Gib Koordinaten ein und rufe sie unterwegs ab.

Ein GPS-Gerät

Im Handel gibt es viele verschiedene Modelle, günstige und teure, einfache und sehr komplexe. Wichtig ist, dass du ein GPS-Gerät wählst, das einfach zu bedienen ist. Außerdem sollte das Gerät

- einen guten Empfang haben,
- robust und wasserfest sein,
- ständig Positionen bestimmen und
- mit Batterie laufen können.

Wenn du kein Gerät kaufen kannst oder willst, erkundige dich nach Möglichkeiten, ein GPS-Gerät zu leihen.

GPS-Abenteuer

- den kürzesten Weg zur Schule finden
- den schnellsten Fußweg zur nächsten Eisdiele suchen
- Welche spannenden Ziele liegen im Umkreis von 1 km?

....

Orientierung

Mit Sonne, Sternen und der Uhr orientieren

Auch ohne Kompass findest du bei Tag und bei Nacht die Himmelsrichtungen, denn am Himmel gibt es natürliche Richtungsweiser.

Mit der Sonne orientieren

Die Sonne zeigt dir die Himmelsrichtungen an. Wenn du die Uhrzeit weißt, gilt das ganze Jahr über bei uns in Mitteleuropa:

Um diese Uhrzeit …		steht die Sonne im …
6.30	Uhr	Osten
9.30	Uhr	Südosten
12.30	Uhr	Süden
15.30	Uhr	Südwesten
18.30	Uhr	Westen

✘ Achtung!

Während der Sommerzeit musst du eine Stunde hinzuzählen!

✘ Merkvers:

Im Osten geht die Sonne auf,
im Süden hält sie mittags Lauf,
im Westen will sie untergehen,
im Norden ist sie nie zu sehen.

Orientierung

Mit Uhr und Sonne orientieren

Dazu brauchst du eine Uhr mit Zifferblatt und Zeiger, das kann eine Armbanduhr sein oder die in deinem Handy.
1. Richte den Stundenzeiger der Uhr auf die Sonne.
2. Schau dir den Winkel zwischen dem Stundenzeiger und der 12-Uhr-Anzeige auf dem Zifferblatt an.
3. Halbiere den Winkel – diese Linie weist nach Süden.
4. In der Gegenrichtung liegt dann Norden.

Das gilt nur für die Nordhalbkugel.
Auf der Südhalbkugel weist die halbe Winkel-Linie nach Norden!

Mit dem Polarstern orientieren

Genau im Norden steht der Polarstern! Er ist der einzige Stern am Himmel, der das ganze Jahr über an derselben Stelle steht.
Schaust du zum Polarstern, so guckst du nach Norden.
Hinter dir ist Süden, rechts von dir Osten, links von dir Westen.

So findest du den Polarstern:

■ mit dem Großen Wagen
1. Finde den Großen Wagen am Himmel.
2. Suche die Hinterseite des Kastens.
3. Denk dir eine Linie zwischen den beiden hinteren Kastensternen aus.
4. Verlängere diese gedachte Linie fünfmal.
5. Polarstern gefunden!

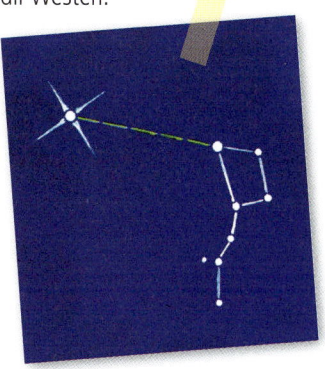

■ mit Kassiopeia
Die mittlere Spitze vom M oder W dieses Sternbilds zeigt immer zum Polarstern, der drei Handbreit weit entfernt ist.

Orientierung

In der Natur orientieren

Draußen im Gelände bekommst du auch von der Natur Hinweise zu den Himmelsrichtungen – du musst sie nur kennen und gezielt aufsuchen.

Richtungshinweise in Stadt und Land von A bis Z

✘ Ameisenhaufen

Richtungshinweis Süden
- Meist befinden sich die Ameisenhaufen an der Südseite von Baumstämmen und Büschen.

✘ Bäume

Weil bei uns meist Westwind herrscht und von dort auch die Niederschläge zu uns ziehen, sind die Nordwestseiten der Stämme am feuchtesten.

Richtungshinweis Nordwesten = Wetterseite:
- Dort wachsen mehr Moose an den Stämmen.
- Dort sind die Äste der Nadelbäume oft kürzer und zerzauster.

Richtungshinweis Süden:
- Dort findest du mehr Harz an den Stämmen.

Richtungshinweis Osten:
- Freistehende Bäume werden vom Wind gern nach Osten geneigt.

Orientierung

✗ Kirchturm
Richtungshinweis Westen:
- Türme älterer Kirchen befinden sich meist an der Westseite des Gebäudes.

Richtungshinweis Osten:
- Der Hauptaltar älterer Kirchen ist nach Osten hin ausgerichtet.

✗ Kompass- oder Stachellattich
Richtungshinweis Nord-Süd:
- An sonnigen Stellen weisen die Blattspitzen in Nord-Süd-Richtung.

Richtungshinweis Ost-West:
- An sonnigen Stellen sind die hochgestellten Blattflächen nach Ost-West ausgerichtet.

✗ Nistkästen
Richtungshinweis Südosten:
- Meist hängen die Nistkästen so an Baumstämmen und Wänden, dass die Öffnung nach Südosten zeigt.

✗ Satellitenschüsseln
Richtungshinweis Süden:
- Die meisten Satellitenschüsseln an Häusern zeigen nach Süden (genauer: nach Süd-Südost).

✗ Vermessungs-Stein
Suche im Boden nach einem kleinen quadratischen Granitstein, den die Vermessungstechniker an vielen Stellen als Fixpunkt für die Landvermessung platziert haben.

Richtungshinweis Süden: ■ Schriftzug TP (= trigonometrischer Punkt)
Richtungshinweis Norden: ■ ein Dreieck

Orientierung

Beim Orientierungslauf

Es gibt sogar eine Sportart, bei der nicht nur körperliche Fitness zählt, sondern auch wie gut sich der Sportler im Gelände zurechtfindet. Das ist der Orientierungslauf, abgekürzt OL.

✘ Herkunft

Der Orientierungslauf wurde vor rund 100 Jahren in Skandinavien „erfunden". Heute wird er weltweit betrieben.

✘ Laufstrecke

Für den Orientierungslauf gibt es spezielle Karten und Kompasse – nur mit ihrer Hilfe finden die Teilnehmer den Weg.
Am Start beginnt die Laufstrecke, auf der mithilfe von Landkarte und Kompass mehrere Kontrollpunkte (= Kontrollposten) gefunden werden müssen. Jeder Sportler wählt dabei selbst die Strecke, die er zwischen den Kontrollpunkten läuft. Gewonnen hat, wer am schnellsten alle Kontrollpunkte in der festgelegten Reihenfolge abgelaufen hat.

✘ Vor dem Start wissen die Läufer nur

- die Streckenlänge,
- die zu bewältigenden Höhenmeter
- und die Anzahl und Art der Kontrollpunkte.

Kurz vor dem Start erhalten sie die Laufkarte mit der Bahn (= Reihenfolge der anzulaufenden Kontrollpunkte).

Orientierung

Damit der zweite Läufer nicht einfach dem ersten hinterherläuft, sondern sich selbst im Gelände orientieren muss, starten die Läufer nicht gemeinsam. Sie starten im Takt von 2 bis 5 Minuten.

✗ Häufige Streckenlänge: 10 bis 15 km

Laufzeiten: 12 Minuten bei Kurzstrecken, bis zu 100 Minuten bei Langstrecken

✗ Varianten

OL-Sportler sind so unterwegs:
- zu Fuß
- mit dem Mountainbike
- mit Skiern

✗ Verhalten in der Natur

Orientierungsläufer bewegen sich in der freien Natur. Dort sind sie, wie du und jeder andere Mensch, nur Gast. Darum müssen sie sich besonders achtsam durch Wald, Feld und Flur bewegen.
Für sie gilt wie für dich:
- Scheuche keine Tiere auf!
- Nimm Rücksicht auf Pflanzen und Tiere!
- Störe keine Tiere im Schlaf, bei der Brut und Anzucht von Jungen!
- Hinterlasse draußen keinen Müll!

Orientierung

Orientierungsabenteuer der besonderen Art

Nun bist du ein richtiger Orientierungsprofi geworden – wie wäre es, wenn du von deinem Lieblingsgebiet oder von deinem Urlaubsort eine Karte zeichnest. Das geht so:

✘ Dazu brauchst du:

- ein Blatt Papier
- Bleistift und Buntstifte

Zeichne zuerst die Himmelsrichtungen ein, oben ist Norden. Überlege dir, wie groß das Gebiet ist, das du zeichnen möchtest, und lege einen Maßstab fest.
Dann trägst du den Verlauf der Straßen und Wege ein, am besten maßstabsgetreu.
Zuletzt ergänzt du all die anderen markanten Gebäude, Wasserflächen und Landschaften.
Pfeile auf den Wegen kennzeichnen den Weg, zum Beispiel von der Bushaltestelle zu deinem Lieblingsplatz oder von deiner Ferienwohnung zur besten Eisdiele.

Wichtig! Damit deine Karte auch stimmt, erkunde das Gebiet ganz genau. Benutze dazu auch den Kompass! Distanzen kannst du mit Schritten abmessen: Miss dazu zuvor, wie lang ein Schritt ist. Dann musst du deine Schritte nur noch zählen.

Geocaching

Gehst du gern auf Schatzsuche? Ja! Hantierst du gern mit technischen Geräten? Auch ja! Dann ist Geocachen das richtige Abenteuer für dich: Unzählige Schätze kannst du in der Nähe deines Zuhauses finden – bei Wind und Wetter, bei Tag und auch bei Nacht.

Für deine Abenteuertour brauchst du:

- eine Portion Mut
- viel Entdeckerfreude
- jede Menge Neugierde
- ein GPS-Gerät sowie ein paar der Dinge von Seite 92/93

Geocaching-Wissen

Da der Ursprung des Geocachens in Amerika liegt, sind viele Ausdrücke in Englisch. Das darf dich nicht erschrecken!
Hier findest du die Übersetzung:
Cache = versteckter Schatz, auch Geocache genannt
GC = Abkürzung für Geocache
GPS-Gerät = Navigationsgerät
Listing = Infoblatt mit allen wichtigen Daten zu einem Cache
Muggle = Nicht-Cacher
Multi = Multi-Cache mit mehreren Stationen, die zu dem Schatz führen
Owner = die Person, die einen Cache versteckt hat

Geocaching

Gut gerüstet zum Geocachen

Die Suche nach einem Cache-Schatz führt dich nach draußen. Darum trage robuste Schuhe und kleide dich dem Wetter und den Temperaturen entsprechend im „Zwiebel-Look".

Deine Geocaching-Grundausrüstung

- ein bequemer Rucksack
- dein GPS-Gerät
- die Cache-Beschreibung
- Notizbuch und Stift, am besten einen Bleistift (der auch auf nassem Papier schreibt)
- Tauschgegenstände für den Cache
- Pflaster für kleine Notfälle
- Feuchttücher zum Hände abwischen
- Zwiebel-Look mit Shirt, Pulli, Jacke, evtl. noch Regenschutz: Wenn es dir zu warm wird, ziehe eine Kleidungsschicht nach der anderen aus.

Geocaching

Das kannst du auch noch einpacken:

- Ersatzbatterien für dein GPS
- Handy als Taschenrechner und für Notfälle
- Getränk, Apfel und kleiner Imbiss

Um den Cache zu bergen, haben sich ein paar Hilfsmittel bewährt, die nimmst du am besten auch mit:

- stabile, dünne, spitze Pinzette
- Taschenmesser, am besten ein Multifunktionsgerät mit Schraubendreher etc.
- Draht
- Magnet
- Zollstock
- dünne Gummihandschuhe

Tauschgegenstände

Der Cache ist meist eine mehr oder weniger große Dose, in der ganz viele kleine Dinge drin sind. Eines davon darfst du mitnehmen. Dafür gibst du einen Gegenstand in den Cache-Behälter hinein, denn es gilt: Ein Ding nehmen, ein Ding geben. Und wenn dir gar nichts gefällt, dann nimmst du eben nichts aus der Dose.

Toll zum Tauschen sind:

- kleine Holz- oder Spielzeugfiguren
- glänzende Münzen
- Schlüsselanhänger
- kleine Schmuckstücke
- Anhänger, Anstecker oder Pins

Völlig ungeeignet sind Süßigkeiten oder Lebensmittel, weil sie rasch verderben. Auch kaputte Sachen oder Müll gehen gar nicht.

Geocaching

Mein GPS-Gerät

GPS ist eine feine Sache. Dank um die Erde kreisender Satelliten ermöglicht es dieses System, dass du (fast) überall auf der Erde deine genaue Position feststellen kannst. Navis im Auto wären ohne GPS nicht möglich – und auch Geocachen macht dank dieser GPS-Geräte so viel Freude!

Geocachen ohne GPS-Gerät

Auch das geht! Dazu
- druckst du die Beschreibung des Caches aus und
- verfolgst den beschriebenen Weg mit einer Wanderkarte oder einer speziellen App auf dem Smartphone.

Passende App finden: im App-Store bei Suchen GEOCACHING eingeben!

✗ Aha!

GPS = Global Positioning System
Auf Deutsch: Globales Navigationssatellitensystem

Ein GPS-Gerät

Im Handel gibt es viele verschiedene Modelle, günstige und teure, einfache und sehr komplexe. Wichtig ist, dass du ein GPS-Gerät wählst, das einfach zu bedienen ist. Außerdem sollte das Gerät
- einen guten Empfang haben,
- robust und wasserfest sein,

Geocaching

- ständig Positionen bestimmen und
- mit Batterie laufen können.

Wenn du kein Gerät kaufen kannst oder willst, erkundige dich nach Möglichkeiten, ein GPS-Gerät zu leihen.

Erlebnisplätze mit GPS

Es gibt auch immer mehr Erlebnisplätze in der Natur, auf denen du die einzelnen Stationen mit Hilfe eines GPS-Geräts findest. Dort kannst du oftmals ein Gerät leihen.

Dein GPS-Gerät einrichten

- Lerne zu Hause, wie du dein GPS-Gerät bedienst!
- Übe viel rund ums Haus: Gib Koordinaten ein und rufe eingespeicherte Waypoints ab.
- Vor der Tour speicherst du die Koordinaten deines Caches auf dem Gerät – per Hand oder über eine Verbindung zum PC.

✗ Aha!

Manchmal werden die Koordinaten auch Waypoints = Wegpunkte genannt.

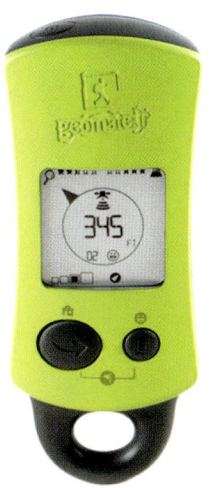

Geocaching

Start ins Geocaching-Abenteuer

Ohne Cache kein Ziel für deine Geocaching-Tour! Solch ein Zielversteck findest du im Internet – darum beginnt dein Abenteuer am PC. Dort endet es übrigens auch, wenn du das Versteck gefunden hast.

Schritt 1: eine Geocaching-Organisation finden

Um an eine Cache-Beschreibung zu kommen, musst du auf die Internetseite einer Geocaching-Organisation gehen. Dort findest du die Koordinaten vieler versteckter Caches. Um das zu tun, brauchst du deine Eltern. Schau dir die Seiten mit deinen Eltern an und entscheide mit ihnen, welche gut ist. Die bekanntesten Geocaching-Webseiten mit den meisten Caches sind:

www.geocaching.com   www.navicache.com   www.opencaching.de

Geocaching

Schritt 2: im Internet anmelden
Auch dazu brauchst du deine Eltern. Melde dich bei der Geocaching-Organisation an, die euch am meisten zusagt. Achte darauf:
- Das Registrieren ist kostenlos.

Hier kannst du deine Registrierdaten eintragen:

Name der Geocaching-Webseite ……………………………………..

Dein Benutzername …………………………………………………….

Dein Passwort ……………………………………………………………

Schritt 3: einen Cache wählen
Es gibt leichte, mittelschwere und richtig schwierige Caches. Wähle am Anfang einen einfachen Cache in deiner Nähe, den du leicht finden kannst.

Schritt 4: Cache-Listing runterladen
Im Listing findest du eine genaue Beschreibung des Caches. Darin steht:
- GC-Nummer und Cache-Name
- Koordinaten für dein GPS-Gerät
- wer wann den Cache versteckt hat
- Größe, Schwierigkeitsgrad, Gelände
- weitere Informationen

Schritt 5: Koordinaten deines Caches im GPS-Gerät einspeichern
Fertig!

✘ Aha!

Wenn du mehr wissen willst, gib in www.blinde-kuh.de oder eine andere Kindersuchmaschine den Begriff GEOCACHING ein.

Geocaching

Tradi und Multi

... so heißen die häufigsten Caches.
Was ist überhaupt ein Cache, der ja Ziel
deiner Geocaching-Abenteuer-Tour ist?

Tradi

= der häufigste und einfachste Cache
- Das ist eine an einem bestimmten Ort versteckte Dose, Box oder ein Behälter, der kleine Schätze enthält.
- Diesen Ort findest du mithilfe der im Listing angegebenen Koordinaten, die dich direkt zum Versteck führen.
- Du musst keine Rätsel lösen oder irgendwelche anderen Aufgaben erfüllen.

Multi

= Multi-Cache
= der zweithäufigste und schon etwas schwierigere Cache
- Die Koordinaten führen dich nicht zum Versteck, sondern zum Startpunkt.
- Dort löst du eine Aufgabe oder musst Hinweise finden, die dir die nächsten Koordinaten verraten.
- Dort löst du wieder eine Aufgabe oder musst Hinweise finden, um an die nächsten Koordinaten zu gelangen.
- So kommst du von Station zu Station näher ans Ziel.

Geocaching

Es gibt aber noch viel mehr Caches:

- Earth-Cache: Hier ist das Ziel keine mit Schätzen gefüllte Dose, sondern ein besonderer geologischer Platz, z. B. ein steinerner Brunnen, ein Gesteinsaufschluss und Ähnliches.
- Mystery-Cache: Hier musst du mysteriöse Aufgaben lösen.
- Rätsel-Cache: Hier musst du Rätsel lösen, um die Koordinaten des Ziels zu bekommen.
- Virtueller Cache: Auch hier ist keine Dose versteckt, sondern du musst dir den Zielort genau anschauen; später stellt dir der Owner (das ist derjenige, der den Schatz versteckt hat) eine Frage zum virtuellen Cache, die du beantworten musst.

✘ Aha!

Auf den Webseiten der Geocaching-Organisationen erfährst du auch, um welche Art von Cache es sich jeweils handelt!

Geocaching

Cache-Wissen

Es ist gut, wenn du so viel wie möglich über den Cache weißt, bevor du mit der Suche beginnst. Dann weißt du, wie groß dein Tauschgegenstand sein kann oder wie viel Zeit du dir fürs Finden nehmen musst. All diese Angaben findest du im Listing.

Die Cache-Größe

Verrät dir auch, wie groß das Versteck sein muss, nach dem du suchst!

- Nano:
  = winzig klein, oftmals nur so groß wie ein Fingerhut
  = für den erfahrenen Geocacher
- Micro:
  = klein, meist so groß wie eine alte Diafilmdose
  = oft ohne Tauschgegenstände wegen Platzmangel
- Small:
  = mittelgroß, oft so groß wie eine Eiscremedose
  = enthält meist auch Tauschgegenstände
- Regular:
  = groß, oft ein Schuhkarton
  = viel Platz für Tauschgegenstände
- Large:
  = richtig groß, oft ein großer Eimer oder Koffer
  = hat viel Platz für Tauschgegenstände, braucht aber auch ein großes Versteck

Geocaching

✘ Aha!

In jedem Cache findest du auf jeden Fall das Logbuch, meist auch einen Stift.

Der Schwierigkeitsgrad

D = difficulty
Das verrät dir im Listing die D-Bewertung.
Die Schwierigkeitsstufen gelten für gutes, trockenes Wetter. Sie reichen von
leicht *
durchschnittlich **
mittelschwer ***
schwierig ****
bis
extrem schwierig *****.
Als Anfänger wähle einen leichten Cache.

Das Gelände zum Ziel

T = terrain
Wie das Gelände beschaffen ist, das du bei der Geocaching-Tour bewältigen musst, erfährst du in der T-Bewertung. Sie reicht von
leicht * und behindertengerecht
durchschnittlich **
mittelschwer ***: für kleinere Kinder nicht mehr geeignet
schwierig ****
bis extrem schwierig *****: du brauchst Spezialausrüstung.
Lies unbedingt die Log-Einträge, denn sie geben dir weitere Hinweise, wo du den versteckten Cache finden kannst.

Geocaching

Die Suche beginnt

Nun hast du alle Informationen beisammen – jetzt kann's losgehen auf deine Geocaching-Abenteuer-Tour. Wähle dazu einen Tag mit schönem Wetter.

Ein letzter Check

Alles dabei? Wirf auf dein Gepäck einen prüfenden Blick!

Am Startort

Gib die Koordinaten in dein GPS-Gerät ein. Dann findest du, nachdem du den Cache gefunden hast, ganz leicht wieder dorthin zurück.
Nun rufst du die Koordinaten des Ziels (bei einem Tradi) oder der ersten Station (bei einem Multi) auf dein GPS-Gerät und folgst dem Pfeil.

Geocachen ist Abenteuer pur, aber gehe keine Risiken ein! Bevor du dich auf unwegsames Gebiet, in einen tiefen Fluss oder steiles Gelände begibst, bleib auf den Wegen und wähle UNBEDINGT einen Umweg.

Am Ziel

Folgst du den Koordinaten deines GPS-Geräts, so führt es dich in die unmittelbare Nähe des Caches. Bist du an dem Zielpunkt angekommen, liegt der Cache im Umkreis von wenigen Metern.
Nun musst du suchen!

Geocaching

Das kann einfach oder ganz schön knifflig sein. Bei der Suche sind oftmals die Logeinträge der anderen Geocacher hilfreich. Gut, wenn du sie notiert und mitgenommen hast.

Wenn du den Cache nicht gleich findest:

- nicht aufgeben!
- durchatmen!
- dann prüfst du zuerst, ob die Koordinaten richtig eingegeben sind und ob du am richtigen Ort bist.
  Wenn ja: Gehe aus verschiedenen Richtungen auf das Ziel zu. Vielleicht fällt dir auf diese Weise etwas auf, was du zuvor nicht bemerkt hast.
- halte Ausschau nach Ungewöhnlichem!
- frage dich: Wo würdest du den Schatz verstecken?

✘ Aha!

Nimm auch beim Suchen Rücksicht auf die Pflanzen und Tiere: Du bist nur Gast, darum verlasse den Ort, wie du ihn vorgefunden hast!

Geocaching

Der Schatz ist gefunden!

Juchhu! Du hast das Ziel gefunden und wie ein Detektiv auch noch den Cache entdeckt. Herzlichen Glückwunsch!

Gefahr: Muggle

Vor Nicht-Geocachern musst du dich in Acht nehmen! Sie dürfen nicht merken, was du tust. Sie sollten dich auch nicht beobachten, wenn du den Schatz birgst. Drum schau dich um, bevor du den Schatz aus dem Versteck holst. Sind Muggle da, so verhalte dich völlig unauffällig:
- Spiele mit den Dingen, die am Ort liegen.
- Tue so, als ob du telefonierst.

Erst wenn die Luft rein ist, berge den Schatz!

Ein großer Moment voller Spannung:

Wie sieht der Schatz aus? Trotz übergroßer Neugierde: Sei achtsam und öffne den Behälter vorsichtig. Freu dich über die Tauschgegenstände.

Nun musst du tun:

- dich ins Logbuch eintragen
- einen Gegenstand deiner Wahl herausnehmen
- einen Tauschgegenstand hineinlegen

Geocaching

- die Dose schließen
- und wieder genau dort verstecken, wo du sie gefunden hast

Dabei darf dich kein Muggle beobachten!

Zu Hause beendest du deine Geocaching-Tour wieder am PC: Log dich auf der Seite der Geocaching-Organisation ein, suche den Cache anhand von Name und GC-Nummer und mache dort einen Logbuch-Eintrag. Wenn es dir gefallen hat, schreib das auch dazu – und sag DANKE!

Dein Logbucheintrag

In jedem Cache gibt es ein Logbuch – das kann je nach Cache-Größe ein winziges Zettelchen oder ein dickes Buch sein!

Dein Name ……………………......…………………………………….

Datum und Uhrzeit, wann du den Cache gefunden hast:

………………………………………………………………………….
Das hast du herausgenommen:

………………………………………………………………………….
Das hast du hineingelegt:

………………………………………………………………………….

✗ Aha!

Beim Tauschen gilt: Fair Trade!
Nimm nichts aus der Dose, was höherwertig ist als das, was du hineingetan hast!

Geocaching

Spannend: ein Nacht-Cache

Nachts erwacht draußen eine ganz andere Welt – auch für den Geocacher. Denn nun wird mit der Taschenlampe gesucht!

Eine Taschenlampe brauchst du UNBEDINGT für den Nacht-Cache. Denn der Cache ist so versteckt, dass du ihn nur nachts finden kannst. Auch die einzelnen Stationen bei einem Multi-Nacht-Cache findest du nur nachts, denn Reflektoren führen dich zum Ziel und markieren dieses auch.

✘ Aha!
Meist liegen Nacht-Caches in Waldgebieten, denn dort ist es dunkel genug.

Ein Nacht-Cache läuft ab wie ein „ganz normaler" Tag-Cache. Den Unterschied machen die wegweisenden Reflektoren, die du nur im Licht einer Taschenlampe finden kannst. Oft sind sie von verschiedenen Farben, die eine Bedeutung haben. Welche das ist, liest du im Listing nach.

Nacht-Abenteuer

Die besondere Herausforderung beim Nacht-Cache ist, dass du in der Dunkelheit unterwegs bist wie bei einer Nachtwanderung. Geh nicht allein, sondern gehe mit deinen Freunden oder Eltern auf Geocaching-Tour.

Geocaching

Nachtruhe

Weil sich nun die tagaktiven Tiere zurückziehen und schlafen, musst du besonders achtsam sein:

- Nimm Rücksicht auf die Tiere und sei ganz leise.
- Bleib auf den Wegen.
- Suche nach dem Schatz nur am Ziel, nicht unterwegs einfach so aus Lust und Laune.
- Wenn die Tiere der Nacht auftauchen, Fledermäuse, Eulen, Nachtfalter und all die anderen, freu dich: Nun kannst du sie ausgiebig beobachten.

✗ Aha!

Nachts ist es kühler als tagsüber. Darum musst du dich wärmer anziehen.

Geocaching

Einen eigenen Cache anlegen

Nun ist die Zeit reif und du willst selbst einen Schatz verstecken. Das geht so:

Schritt 1: Versteck suchen
Das ist das A und O deines Caches! Lies dazu Seite 110!

Schritt 2: Cache zusammenstellen
Passend zur Größe des Verstecks wählst du die Größe deines Caches. Nimm einen Behälter, der wasserdicht ist und sich leicht öffnen und schließen lässt. Gut geeignet sind:
- kleine Diafilmdosen
- Vorratsbehälter aus Plastik
- Frühstücksdosen aus Plastik
- Nicht gut sind:
  Gefäße aus Glas oder Metall

Schritt 3: Cache füllen
In den Behälter gibst du:
- Logbuch und Stift (am besten Bleistift)
- Stashnote: Auf diesen Zettel schreibst du eine kleine Geschichte zum Cache, damit der Finder weiß, was er gefunden hat.
- mehrere Tauschgegenstände

Zuletzt schreibst du außen auf den Behälter mit wasserfestem Stift: Offizieller Geocache plus Name des Caches.

Geocaching

Schritt 4: Weg suchen
Suche einen spannenden Weg zum Cache, der nicht langweilig ist.

Schritt 5: Cache verstecken
- Nun versteckst du den Cache.
- Ermittle mit deinem GPS-Gerät die Koordinaten vom Cache. Am besten machst du das mehrmals, aus verschiedenen Richtungen kommend. So bekommst du korrekte Daten.
- Mach eine Probe-Geocaching-Tour zu deinem Cache: So prüfst du, ob der Cache mit deinen Angaben auch gefunden werden kann.

Schritt 6: Cache im Internet eingeben
- Ist alles okay, gibst du deinen Cache im Internet auf der Webseite einer Geocaching-Organisation ein. Fülle das Listing zu deinem Cache aus.

Schritt 7: auf die Freischaltung warten

✘ Aha!
Lies immer wieder die Logeinträge deines Caches der anderen Geocacher. Sie geben dir Hinweise auf dessen Zustand, den du dann evtl. verbessern solltest!

Geocaching

Ein Versteck wählen

Wie viel Freude die anderen Geocacher an deinem Cache haben, hängt auch davon ab, wie gut du dein Versteck wählst.

Wichtig!

Dein Cache muss lange Zeit bestehen bleiben, mindestens drei Monate. Darum macht es keinen Sinn, wenn du ihn in einer dichten Hecke versteckst, die im Winter blattlos ist. Dort würde dein Versteck sofort gefunden werden. Bedenke bei Verstecken in Bach- und Flussnähe, dass es Hochwasser geben kann.

Regeln:

- Abstand: Dein Versteck muss zu dem nächsten Cache einen Abstand von mindestens 161 Metern haben.
  161 Meter = 0,1 Meilen, auch daran merkst du, dass Geocachen aus Nordamerika stammt.
- Wartung: In regelmäßigen Abständen musst du deinen Cache besuchen und schauen, ob alles in Ordnung ist. Wähle für dein Versteck einen Ort, den du gut erreichen kannst.
- Naturschutzgebiete sind tabu: Dort darfst du keinen Cache verstecken, ebenso nicht auf privaten Grundstücken, in Bahn- und Flughäfen.

Geocaching

Gute Ziele sind:

- ein schöner Platz in der Natur, der dir gut gefällt, etwa an einem See, an einem Aussichtsplatz
- ein Ort, an dem wenig Menschen (= Muggle) vorbeikommen

Am Zielort suchst du ein kniffliges Versteck, unter einer Baumwurzel, ein Riss in einer Ruine, eine Astgabel, unter einem Stein oder raffiniert mit einem Magnet an einem Schild befestigt.
Du findest es, wenn du dich am Zielort umschaust.

WICHTIG!
Begib dich beim Verstecken NICHT in Gefahr!

Meine Funde

Diese Caches habe ich gefunden:

Cache-Name: ....
GC-Nummer: ....
Datum: ....
Bewertung: ....
Besonderheiten:

....

Cache-Name: ....
GC-Nummer: ....
Datum: ....
Bewertung: ....
Besonderheiten:

....

Cache-Name: ....
GC-Nummer: ....
Datum: ....
Bewertung: ....
Besonderheiten:

....

Tarnung & Tricks der Tiere entlarven

Tiere und Pflanzen arbeiten mit allerlei Tricks, um zu überleben. Sie tragen Tarnfarben, täuschen gefährliche Arten vor oder machen sich unsichtbar. Spannende Abenteuertouren führen dich auf die Spur der Täuscher in der Natur.

Für deine Abenteuertour brauchst du:

- eine Portion Geduld
- gute Augen
- viel Entdeckerfreude
- jede Menge Neugierde

✘ Tarnen & Täuschen-Tipp

Wenn du Vögel und andere scheue Tiere beobachten möchtest, baue das Tarnzelt von Seite 134 auf. Stell das Zelt einige Stunden oder am Tag vor deinen Naturbeobachtungen auf. Dann haben sich die Tiere daran gewöhnt. Und verhalte dich immer ganz ruhig, wenn du ins Zelt gehst, darin bist und es wieder verlässt. Dann werden die Tiere nicht argwöhnisch.

Tarnen & Täuschen

Seit Millionen von Jahren nutzen Tiere und Pflanzen eine eindrucksvolle Palette an Tarnkleidern und Täuschungsmanövern. Diese Strategien haben sich in der Evolution entwickelt, weil sie die Überlebenschancen entscheidend verbessern.

Warum tarnen sich Tiere?

Tarnung ist das einfachste Mittel, um nicht aufzufallen. Tiere im Tarnkleid sehen so aus wie ihre Umgebung – wie Baumrinde, wie ein Blatt oder Ästchen, wie eine Blüte. Sie müssen sich nicht verstecken, sondern fallen einfach nicht auf.

Grünes Heupferd

So spürst du getarnte Tiere auf:

- genau hingucken
- sorgfältig von verschiedenen Blickwinkeln aus beobachten

Warum täuschen Tiere?

Viel größer oder gar wehrhaft zu scheinen ist die beste Strategie, um nicht gefressen zu werden. Zu den Tricks gehören gelb-schwarze oder rot-schwarze Warnfarben, die eigentlich giftige Tiere tragen, oder große Augenzeichnungen, die ein viel größeres Tier vortäuschen.

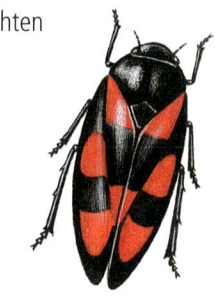

Blutzikade

Tarnen und Täuschen

So fällst du auf Täuscher nicht rein

- Eigne dir Wissen über die heimischen Tiere und Pflanzen an.
- Beobachte die Lebewesen oft und regelmäßig.
- Schau genau hin.

✗ Aha!

Tarnung durch Mimese =
durch Gestalt, Form und Haltung
aussehen wie die Umgebung
Täuschen durch Mimikry =
Körperfarben und -muster fälschen

✗ Tarnen & Täuschen-Tipp

Von Tieren kannst du lernen: Tarne dich, wenn du Vögel, Schmetterlinge und andere Tiere beobachten willst. Dann sind sie weniger scheu.

Deine Tarnung besteht aus:
- keine Kleidung mit grellen Farben anziehen, trage lieber grüne, beige oder braune
- langsam bewegen wie ein Chamäleon, damit du mit der Umgebung verschmilzt
- ganz leise sein

Schneehase im Sommer

Schneehase im Winter

Tarnen und Täuschen

Trick 1: Wie der Untergrund aussehen

Ideenreich und bis ins kleinste Detail ausgetüftelt sind die tierischen Tricks der optischen Abwehr: Wer nicht gesehen wird, wird nicht erbeutet oder erbeutet mehr Nahrung. Unsichtbar machen – das ist die Strategie dahinter.

Wichtig, damit der Trick UNSICHTBAR MACHEN funktioniert: nicht bewegen, still sitzen – für längere Zeit!

Grasfrosch

Schau dich in der Natur um!

Viele kleine und mittelgroße Tiere leben am Erdboden, zwischen Fallaub, auf Ästen und Zweigen.
Ihre beste Tarn-Strategie: Tarnfarbe BRAUN = am besten gefleckt, gemustert oder gescheckt.

✘ Genau hinschauen:

Findest du diese Tiere trotz Tarnfarbe?

- am Boden und in morschen Baumstümpfen: Tausendfüßer, Hundertfüßer, Asseln, Ameisen, Schnecken, Blindschleichen, Mäuse
- zwischen Fallaub: Grasfrösche, Wolfspinnen, Waldschaben
- an Steinmauern: Zauneidechsen

Tausendfüßer

Kellerassel   Wolfspinne

Tarnen und Täuschen

✘ Tarnen & Täuschen-Tipp

Wenn Schmetterlinge ruhen, klappen sie ihre Flügel zusammen. Dann siehst du nicht die schillernd bunten Oberseiten, sondern die tarnfarbenen braunen Unterseiten der Flügel!

Kleine und mittelgroße Tiere leben auch zwischen grünen Pflanzen, auf Stängeln und Blättern. Ihre beste Tarn-Strategie: Tarnfarbe GRÜN.

✘ Schau genau hin:

Entdeckst du diese Tiere trotz Tarnung?
- auf Grashalmen und Pflanzenstängeln: Schmetterlingsraupen, Heuschrecken, Blattläuse, Grasfrösche
- auf Wasserpflanzen: Wasserfrösche
- auf Blättern: Raupen, Kürbisspinnen

Birkenspannerraupe

Heuschrecke

Wasserfrosch

✘ Tarnen & Täuschen-Tipp

Wasserfrösche sehen grün wie die Umgebung aus, weil sie dann nicht von Fliegen und anderen Insekten gesehen werden. So fangen sie mehr Beute.

Notiere, welche getarnten Tiere du noch gefunden hast. Zähle sie: Wenn es mehr als zehn sind, bist du TOP!

Tarnen und Täuschen

Trick 2: Farbe ändern

Eine grüne Heuschrecke im grünen Gras ist bestens getarnt – wird das Gras aber in heißen Sommern braun, ist es vorbei mit der Tarnung. Um dieses Risiko zu verringern, beherrschen manche Tiere einen anderen Trick: Sie ändern ihre Farbe!

Wichtig, damit der Trick FARBE ÄNDERN funktioniert:
1. Mit Augen oder Nervenzellen: Farben sehen
2. In der Haut: verschiedenfarbige Pigmentzellen, die auf Nervenimpulse reagieren

Projekt 1: Krabbenspinne

Wo? Auf weißen und gelben Blüten (sonnige Wiese, am sonnigen Waldrand).
Wann? Von Frühjahr bis Herbst.
Was? Krabbenspinne ist auf gelber Blüte gelb, auf weißer Blüte weiß. So getarnt lauert sie auf Schmetterlinge, Bienen, Wespen und andere Blütenbestäuber.

Krabbenspinne

✘ Aha!

Sie erbeutet sogar Insekten, die größer als sie sind oder stechen können! So funktioniert der Trick:
- Gelbfärbung: Spinne lagert gelbe Farbstoffe in Hautzellen ein.
- Weißfärbung: Spinne zieht gelben Farbstoff ins Körperinnere zurück.

Dauer Farbwechsel: ein paar Tage

Tarnen und Täuschen

Projekt 2: Stinkwanze

Wo? Überall, sogar in der Wohnung.
Was? Stinkwanze ist im Frühjahr/Sommer grün, im Herbst/Winter braun.
So ist sie bestens vor Fressfeinden geschützt, wenn sie auf Pflanzen sitzt.

✘ **Aha!** Die Larven sind nur grün, denn es gibt sie nur im Sommer.

Projekt 3: Hermelin

= kleiner Marder, 17–33 cm lang
Wo? Auf Wiesen, in Feldlandschaften und Gärten.
Was? Hermelin ist im Winter weiß, im Sommer braun,
Schwanzspitze immer schwarz, Bauch immer weiß.
So funktioniert der Trick:
- Fellwechsel: dickes Winterfell, dünnes Sommerfell

✘ **Aha!** Gleiche Strategie in den Bergen: Schneehase, Schneehuhn

✘ Tarnen & Täuschen-Tipp: Duft-Tarnkappe

Zur Tarnung wirft die Larve der Florfliege ausgesaugte
Blattläuse auf ihren Rücken und duftet so wie eine Blattlaus
= Ameisen greifen die so getarnten Larven nicht an.

Larve der Florfliege

✘ Tarnen & Täuschen-Spezial-Tipp

Manche Tiere beherrschen auch Farbänderungen in Sekundenschnelle.
Besuche ein Reptilienhaus im Zoo: Dort gibt es Chamäleons, die nur in Afrika
leben. Sie können hervorragend Farben sehen und kommunizieren mit ihrer
Hautfärbung. Am Farbmuster zeigen sie, in welcher Stimmung sie sind.

Tarnen und Täuschen

Trick 3: Wie eine Pflanze aussehen

Tiere, die Pflanzen und Pflanzenteile nachahmen, sind zwar sichtbar, werden aber leicht verwechselt. Weil dieser Trick so gut funktioniert, bauen viele Vögel auch ihr Nest wie ein Stück vom Baum.

Der Trick-König: Spannerraupe

Diese Nachtfalterraupen sehen in Färbung und Gestalt genauso aus wie kleine Ästchen. Bei Bedrohung winkeln sie ihren Körper wie Ästchen ab. Mit kleinen Körperfortsätzen (Fleischzapfen) ahmen sie sogar Knospen und abgebrochene Seitenzweige nach.
Farbe: grün oder braun, je nach arttypischer Futterpflanze
Wertung: GENIAL!

Pappelspannerraupe

✘ Tarnen & Täuschen-Tipp

Bei uns gibt es über 400 verschiedene Arten von Spanner-Faltern. Du entdeckst die Raupen an Bäumen und Sträuchern im Wald und Garten, am Wald-, Feld- und Wiesenrand.

Der Trick-Prinz: Baumläufer

Rindenfarbenes Gefieder, nur am Baumstamm unterwegs – so sieht der Baumläufer wie Rinde aus.

Gartenbaumläufer

Tarnen und Täuschen

✘ Tarnen & Täuschen-Tipp

Huscht wie eine Maus den Baumstamm hoch; du kannst ihn an allen großen Bäumen beobachten.

Der Trick-Spezialist: Buntspecht

Das bunte Gefieder der Buntspechte scheint aufzufallen. Tatsächlich sehen sie im Wald wie Teile von Ästen und Zweigen aus.

✘ Tarnen & Täuschen-Tipp

So findest du einen Buntspecht:
1. auf typische Laute hören (Trommelwirbel, klopfend auf Holz, „kix-kix"-Rufe)
2. dem Gehör folgen
3. Ohr an Baumstämme legen: Holz verstärkt die Laute.
4. Buntspecht gefunden

Buntspecht

Die Trick-Nutzer: Nester

Die Nester von Vögeln und Eichhörnchen sehen wie Geäst aus. Im Herbst und Winter kannst du sie entdecken!

✘ Tarnen & Täuschen-Spezial-Tipp

Im warmen Klima der Tropen, wo es keinen Winter und das ganze Jahr über ausreichend Nahrung gibt, leben die besten Pflanzennachahmer.
- Besuch im Insektarium: Stabheuschrecken sehen wie Äste aus, Wandelndes Blatt sieht täuschend echt wie ein Blatt aus.
- Besuch im Aquarium: In tropischen Meeren lebt der Fetzenfisch – sieht aus wie Seetang.

Wandelndes Blatt

Tarnen und Täuschen

Trick 4: Oben dunkel, unten hell

Nicht nur Pinguine, Weiße Haie und Orcas beherrschen diesen Trick. Auch viele heimische Tiere haben einen hellen Bauch und einen dunklen Rücken.

Um diesen tollen Tarnungstrick zu verstehen, musst du das Tier …

… von unten betrachten: Du siehst den hellen Bauch, der mit dem hellen Hintergrund von Himmel oder Wasseroberfläche verschmilzt.

… von oben betrachten: Du siehst den dunklen Rücken, der mit dem dunklen Untergrund – Boden, Baumstamm, Meeresboden – verschmilzt.

Tarnen & Täuschen-Experiment

Du brauchst dazu:
- ein Blatt weißes Papier
- ein Blatt dunkles Papier

So geht's:
1. Augen zusammenkneifen (Tierblick: die Umgebung wird unscharf).
2. Das weiße Blatt Papier zum Himmel hin halten, dann das dunkle: Welches fällt mehr auf?
3. Das weiße Blatt Papier zum Boden hin halten, dann das dunkle: Welches fällt mehr auf?

✘ **Aha!** Der Trick funktioniert!

Tarnen und Täuschen

Fuchs

✗ Beispiel 1: Fuchs
- heller Bauch: sieht für Mäuse aus wie der Himmel
- rotbrauner Rücken: im Dämmerlicht des Waldes kaum zu erkennen

✗ Beispiel 2: Mauswiesel, Wiesel, Marder
- heller Bauch: sieht für Mäuse aus wie der Himmel
- brauner Rücken: sieht für größere Raubtiere aus wie Boden und Gestrüpp

✗ Beispiel 3: Schwalben
- heller Bauch: sieht für Insekten und Vogeljäger (Wanderfalke) aus wie Himmel
- dunkler Rücken: sieht für Insekten und Vogeljäger aus wie Erdboden

✗ Tarnen & Täuschen-Tipp

Halte draußen in der Natur Ausschau nach Tieren (Vögel, Säugetiere, Eidechsen, Fische, Insekten und andere), die diesen Trick drauf haben. Es sind mehr, als du denkst!

Mehlschwalbe

Tarnen und Täuschen

Trick 5:
Im Wasser tarnen

Auch die Wassertiere haben Tarnungen entwickelt, die sie wie der Untergrund oder wie leblose Objekte aussehen lassen. Du kannst sie auf vielfache Weise beobachten – keschernd, beim Schnorcheln, als Strandgut oder im Aquarium.

Beim Keschern im Bach entdecken:

- Köcherfliegenlarve
  Raupenähnliche Larven bauen Köcher, in denen sie wohnen. Köcher besteht aus Algen oder Pflanzenteilchen, Steinchen, ins Wasser gefallenen Nadeln und Ästchen, Schneckenhäuschen, Muschelschalenstücken und vielem mehr.

Köcherfliegenlarve

✗ Tarnen & Täuschen-Tipp

Setze die Köcherfliegenlarve in eine mit Wasser gefüllte Becherlupe: Beobachte, wie sie ihren Kopf aus dem Köcher streckt; biete ihr Fischfutter an – vielleicht kannst du erkunden, wie sie frisst.

Am Strand und beim Schnorcheln entdecken:

- Strandkrabbe
  Panzer sieht wie Felsen aus.

Strandkrabbe

Tarnen und Täuschen

✘ Tarnen & Täuschen-Tipp

Manche Krabben platzieren auch Algenstücke auf dem Rückenpanzer, sodass sie aussehen wie Wasserpflanzen.

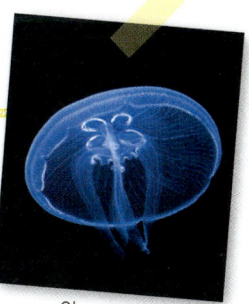
Einsiedlerkrebs

- Einsiedlerkrebs
  Versteckt sich in Schneckenhaus.
  Fällt auf, weil die Schneckenhäuser immer glänzen und blitzblank geputzt sind – wenn du sie sammelst und ablegst, bekommen die Schneckenhäuser Beine, weil der Krebs entkommen will. Lass ihn frei!

Im Angespülten am Strand entdecken:

- Quallen
  Sind durchsichtig wie Wasser – dadurch werden sie von Schildkröten und anderen Fressfeinden nur schlecht erkannt. Nicht anfassen, es könnte eine giftige sein!

Ohrenqualle

- Nixentaschen = Eier von Katzenhai und Rochen; sehen aus wie Tangstücke.
  = Schutz vor räuberischen Fischen und Vögeln.

✘ Tarnen & Täuschen-Spezial-Tipp

Das kannst du beim Besuch eines Aquariums entdecken:

- Tintenfisch und Scholle passen ihre Färbung dem Untergrund an.

Scholle

Tarnen und Täuschen

Trick 6: Ich bin gefährlich! Ich bin giftig!

Anstatt sich zu tarnen, führen manche Tiere andere in die Irre: Sie tragen Farbmuster, mit denen sie gefährliche oder giftige Tiere vortäuschen. Räuber wagen nicht, sie zu fressen, denn sie könnten vergiftet werden.

Trick mit den Warnfarben:

- gelb-schwarz warnt: gefährliches oder giftiges Tier, kann stechen!
- rot-schwarz warnt: giftiges Tier, schmeckt eklig!

✗ Wichtig, damit der Trick funktioniert:

1. Es muss mehr „echte" Tiere geben, die tatsächlich gefährlich oder giftig sind, als Nachahmer.
2. Vögel und andere Räuber müssen in ihrem Leben einmal diese Erfahrungen gemacht und überlebt haben:
- Eine gelb-schwarze Wespe sticht.
- Ein rot-schwarzes Tier schmeckt eklig.
3. Räuber müssen Farben sehen können.

Feuersalamander

Schwebfliege

Wespe

✗ Gelb-schwarz auf der Spur:

Harmlose Schwebfliegen ahmen wehrhafte Wespen nach.
So kannst du die beiden unterscheiden:
Schwebfliege: große Augen, Tupfrüssel wie Stubenfliege, zwei dreieckige Flügel
Wespe: kleinere Augen, lange Fühler, Wespentaille, schmale Flügel

Tarnen und Täuschen

✗ Tarnen & Täuschen-Tipp

Erkundungstour in Wald und Wiese: Entdecke weitere harmlose Trickser im gelb-schwarzen Look!
- Widderbock
- Schwalbenschwanz
- Wespenspinne
- Mistbiene
- Schmetterlingshaft

Widderbock

✗ Rot-schwarz auf der Spur:

Marienkäfer schmecken richtig eklig: Wenn sie sich bedroht fühlen, sondern sie aus den Kniekehlen eine gelbe, stinkende Flüssigkeit aus.

✗ Tarnen & Täuschen-Tipp

Erkundungstour im Park und Garten: Entdecke weitere harmlose Trickser im rot-schwarzen Look!
- Widderchen
- Blutzikade
- Feuerwanze

Wespenspinne

Marienkäfer
Feuerwanze
Widderchen

✗ Tarnen & Täuschen-Tipp

Die Larven der Marienkäfer sind blaugrau gefärbt mit gelben Punkten und Flecken. Auch sie signalisieren Vögeln: Ich bin gefährlich!
In Wirklichkeit sind Marienkäferlarven nur gefährlich für Blattläuse.
In ihrer drei- bis sechswöchigen Entwicklungsdauer zum erwachsenen Marienkäfer vertilgt eine Larve (!) über 600 Blattläuse.

Trick 7: Größer scheinen

Je größer ein Tier ist, umso weniger Feinde hat es. Darum tricksen Tiere gern mit ihrer Größe, vor allem, wenn es gefährlich wird. Dazu gibt es verschiedene Möglichkeiten.

Strategie 1: Große Augen-Zeichnungen

Wer scharf angestarrt wird, ist schnell verunsichert!

Raupe des Weinschwärmers

✗ Täuschungs-Projekt: Aug in Aug mit einem großen Tier

Beobachtungstier 1: Tagpfauenauge
Gewöhnlich: sitzt ruhend oder Nektar saugend mit zusammengeklappten Flügeln auf Blüte
Gefahr droht: klappt die Flügel auf
⇨ vier riesige Augen erscheinen
Folge: Singvogel oder anderer Räuber erschrickt, weil er unerwartet plötzlich zwei großen Tieren in die Augen schaut ⇨ Räuber flieht.

Beobachtungstier 2: Gabelschwanz-Raupe
Bei Bedrohung hebt sie den Kopf und zeigt ein schwarz-rotes Gesicht. Dazu stülpt sie am Schwanz noch Stacheln aus.

Tagpfauenauge

Tarnen und Täuschen

✗ Täuschungs-Projekt: Augen hinten statt vorne

Beobachtungstier: Schwalbenschwanz oder Schillerfalter
Bei Gefahr: klappt die Flügel auf ⇨ zwei Augen erscheinen am Hinterende der Flügel.
Folge: Vogel pickt nach Augen, weil er meint, dies sei der Kopf des Tieres ⇨ doch Falter fliegt aus Vogelsicht nach hinten weg und entkommt.

Schwalbenschwanz

✗ Entdecke noch mehr Tiere mit Augen-Tricks:

- Kleines Nachtpfauenauge, ein Nachtschmetterling
- Abendpfauenauge
- Nagelfleck
- Raupe vom Oleanderschwärmer und Weinschwärmer

Strategie 2: Groß machen

Abendpfauenauge

Beobachte Katzen und Hunde: Sie zeigen dir, wie Säugetiere sich größer machen, wenn sie sich bedroht fühlen:
- Katzen machen einen Katzenbuckel.
- Hunde sträuben ihr Nackenfell.

✗ Tarnen & Täuschen-Tipp

Du kannst diesen Trick GRÖSSER SCHEINEN anwenden, sollten dir jemals Wildschweine begegnen: Sie haben nämlich Heidenrespekt vor allem, was riesig ist. Schnapp dir einen großen Ast und halte ihn über deinen Kopf – dann siehst du doppelt so groß aus. Wenn ihr zu mehreren seid, bleibt dicht beisammen und zieht euch dorthin zurück, wo ihr hergekommen seid.

Tarnen und Täuschen

Trick 8: Tot stellen und andere Täuschungen

Manche Tiere setzen Täuschungsmanöver erst ein, wenn es brenzlig wird. Bei Gefahr stellen sie sich tot oder erschrecken ihre Feinde mit verschiedenen Varianten aus der Trickkiste. Amseln täuschen sogar, um satt zu werden.

Täuschungsmanöver: Sich tot stellen!

Viele Räuber ernähren sich nur von selbst getöteten Tieren und verschmähen Totes.

- Marienkäfer klappen die Beine an und erstarren.

Marienkäfer

✘ Tarnen & Täuschen-Tipp

Dreh einen Marienkäfer vorsichtig auf den Rücken. Er stellt sich weiterhin tot.

- Tausendfüßer, Saftkugler und Rollasseln rollen sich ein und verharren.

✘ Tarnen & Täuschen-Tipp

Besser nicht anfassen! Tausendfüßer geben ein stinkendes Sekret ab!

- Ringelnatter dreht sich auf Rücken, lässt Zunge heraushängen und erstarrt.
- Unke legt sich mit verdrehten Beinen auf den Rücken. Ist die Gefahr vorbei, eilen die Tiere rasch davon.

Ringelnatter

Tarnen und Täuschen

Täuschungsmanöver: Erschrecken!

Mit plötzlichen Aktionen lassen sich viele Feinde erschrecken. Das tun sie bei Bedrohung:
- Nachtfalter wie Hausmutter oder Rotes Ordensband öffnen plötzlich die Flügel – orange oder rote Hinterflügel blitzen auf.

Hausmutter

- Schwalbenschwanzraupe zieht den Kopf ein, stülpt ganz plötzlich eine leuchtend orange Drüse mit zwei Zipfeln aus dem Nacken hervor und stinkt widerlich.
- Laufkäfer kotzt eklig stinkenden Mageninhalt bis zu 25 cm weit heraus.

Täuschungsmanöver: Sich krank stellen!

Um Räuber von Eiern und Küken abzulenken, ergreifen manche Vogeleltern (Auerhennen, Küstenvögel) dieses Täuschungsmanöver.
- Sie tun so, als seien sie verletzt. Sie torkeln mit lahmen Flügeln über den Boden und ziehen die Aufmerksamkeit des Räubers auf sich. Dabei entfernen sie sich vom Nachwuchs und der Räuber folgt. Sind sie weit genug entfernt, fliehen sie und eilen zur Brut zurück.

✖ Tarnen & Täuschen-Tipp

Beobachte Amseln bei der Jagd auf Regenwürmer auf dem Rasen. Immer wieder trippeln sie dabei mit den Füßen auf dem Boden.
- Sie täuschen Regentropfen vor, die auf den Rasen fallen.
- Regenwürmer geraten in Panik und verlassen den Boden.

Amsel

Tarnen und Täuschen

Trick 9: Auch Pflanzen täuschen

Für Pflanzen ist es ganz wichtig, dass ihre Blüten bestäubt werden. Darum wenden nicht nur Tiere Täuschungsmanöver an, auch Pflanzen nutzen allerhand raffinierte Tricks.

Trick 1: Riesen-Blüten

Dieser Trick ist so erfolgreich, dass ihn eine ganze Pflanzengruppe beherrscht: Gänseblümchen, Sonnenblumen, Löwenzahn, Wegwarte, Margerite und alle anderen Korbblüter haben scheinbar große „Blüten".

Gänseblümchen

✘ Aha!

In Wirklichkeit besteht jede „Scheinblume" aus ganz vielen kleinen Einzelblütchen. Meist stehen innen röhrenförmige Blüten, die Nektar enthalten und Samen produzieren. Außen sind unfruchtbare Zungenblüten, die die Blüte groß machen und Insekten anlocken.

✘ Tarnen & Täuschen-Tipp

Jedes Schirmchen an der Pusteblume des Löwenzahns trägt ein Samenkorn, das aus einer kleinen Röhrenblüte entstanden ist.

Löwenzahn

Tarnen und Täuschen

Trick 2: Stinken wie Aas

Die Blüte vom Aronstab erscheint von April bis Juni am Wegrand. Abends erwärmt sich der innere Kolben und stinkt nach Kot und Aas. Das lockt kleine Mücken an, die in den Kessel der Blüten geraten und diese bestäuben.

✗ Tarnen & Täuschen-Tipp

Nähere deine Hand dem Kolben – du spürst die Wärme! Im Herbst trägt der Aronstab orangerote Früchte: Achtung, giftig!

Aronstab

Trick 3: Aussehen wie ein Insektenweibchen

Die Blüten der Ragwurz-Orchideen sehen aus wie Weibchen von Fliegen, Hummeln, Bienen und anderen Insekten. Weil sie auch so duften, werden die Männchen angelockt. Sie landen auf der Blüte und bestäuben sie.

Trick 4: Lebende Steine

Die Blätter dieser Mittagsblumengewächse ähneln echten Steinen zum Verwechseln. Dadurch werden sie nicht gefressen.

Ragwurz-Orchidee

✗ Tarnen & Täuschen-Tipp

Schau dir im botanischen Garten oder Gartencenter die Lebenden Steine an.

Tarnen und Täuschen

Trick 10: Ein Tarnzelt bauen

Vögel, Rehe und viele andere Tiere sind sehr scheu. Um sie in Ruhe beobachten zu können, brauchst du eine Tarnung — wie wäre es mit diesem Tarnzelt?

Das Tarnzelt kannst du ganz einfach selber bauen. Super! Es ist transportabel, sodass du es überall aufbauen kannst.
Du brauchst dazu:

- Strandmuschel (halbrundes Sonnenschutzsegel mit Gestänge)
- grünes oder tarnfarbenes Tuch
- Schere

So geht's:
1. Baue die Strandmuschel auf.
2. Decke den grellen Stoff der Strandmuschel mit dem Tuch zu.
3. Schneide Löcher für die Augen in das Tuch.

✘ Tarnen & Täuschen-Tipp

Wenn das Tarnzelt steht, lass es am besten ein paar Tage lang stehen.

Für ein feststehendes Tarnzelt baust du aus Weidenruten ein Indianertipi oder eine Weidenlaube:
- mit dem Tuch abdecken oder
- mit rankenden Pflanzen (Kletterkapuzinerkresse, Feuerbohne (Achtung: giftige Früchte!) oder Hopfen) bewachsen lassen

Den Wald erforschen

Der Wald ist ein spannender Lebensraum, in dem du immer etwas entdecken kannst – im Frühling Reh- und Fuchsjunge, im Sommer jede Menge Käfer und Spinnen, im Herbst sonderbare Pilze und im Winter Tierspuren aller Art.

Für deine Abenteuertour brauchst du:

- einen kleinen Rucksack für deine Sammelfunde
- Getränk und kleine Stärkung
- Becherlupe
- bei Nacht: Taschenlampe

Regeln für Waldabenteurer

Der Wald ist die Wohnung der Pflanzen und Tiere. Du bist dort nur Gast. Darum verhältst du dich wie ein Besucher und achtest die Pflanzen und Tiere wie gute Freunde.

- Scheuche keine Tiere auf, störe sie nicht, nimm Rücksicht.
- Reiße keine Pflanzen aus.
- Nimm deinen Müll wieder mit nach Hause.

Wald

Bäume, Bäume, Bäume

Ohne Bäume gäbe es keinen Wald. Sie bilden durch ihre Größe und lange Lebenszeit einen dreidimensionalen Raum wie ein verwinkeltes Schloss, in dem andere Pflanzen und Tiere leben.

Die wichtigsten Waldbäume …

… solltest du kennen. Es sind:

Stiel-Eiche
50 m hoch, trägt Eicheln

Rot-Buche
40 m hoch, trägt Bucheckern

Eberesche/Vogelbeere
15 m hoch, weiße Blüten, rote Früchte

Gemeine Fichte
70 m hoch, hängende Zapfen

Wald-Kiefer
40 m hoch, sehr lange Nadeln

Wald

Spannende Baum-Erkundungen

✘ Wie hoch ist der Baum?

1. Halte deinen Daumen am gestreckten Arm senkrecht nach oben.
2. Begib dich an die Stelle, an der dein Daumen genauso lang ist wie der Baum, dessen Höhe du wissen willst.
3. Kipp deinen Daumen nun waagerecht zur Seite und merke dir, was sich dort befindet (z. B. ein Fingerhut).
4. Nun misst du die Strecke zwischen Baum und Fingerhut, indem du sie mit 50 cm großen Schritten abläufst.

✘ Wie alt ist der Baum?

Zähle die dunklen oder die hellen Jahrringe an einem gefällten Baumstamm. Jedes Jahr bildet der Baum nämlich einen dunklen und einen hellen Ring.

✘ Wie kommt im Frühling das Wasser in die Baumkrone?

Wenn die Bäume Blätter tragen, verdunsten sie Wasser und ziehen dabei Wasser im Stamm nach oben. Im Frühjahr drückt die Wurzel das Wasser nach oben, dann gluckst und gurgelt es im Stamm.
- Nimm ein Stethoskop.
- Halte es im März an die dünne Rinde einer Rot-Buche.

✘ Warum werden im Herbst die Blätter gelb?

Weil der Baum den grünen Blattfarbstoff aus den Blättern in die Wurzel transportiert und dort fürs nächste Frühjahr lagert. So werden die anderen gelben, braunen und roten Blattfarbstoffe sichtbar.
- Sammle verschiedene Blätter und presse sie zwischen dicken Büchern.
- Nun kannst du Postkarten, Memo-Spiele und anderes daraus basteln.

Wald

Den Baumstamm rauf und runter

Die Spalten und Ritzen der Stämme sind voller Leben, was du ganz leicht entdecken kannst.

Kleine Tiere am Stamm

In den Spalten und Ritzen verstecken sich Spinnen, Käfer und viele andere Insekten und ihre Larven.
Nimm eine Lupe und schau nach.
Besonders viele kleine Tiere findest du in morschen Baumstümpfen, die es in jedem Wald gibt.
Wer versteckt sich in den Zwischenräumen?

Vögel an den Stämmen

So viel Nahrung lockt Vögel an, die sich auf den senkrechten Lebensraum Stamm spezialisiert haben. Das sind:

- Buntspecht: der häufigste Specht, trommelt laut
- Schwarzspecht: der größte Specht, krähengroß, trommelt am lautesten und am längsten

Buntspecht

Wald

- Kleiber: klopft am Stamm wie ein Specht
- Baumläufer: huscht wie eine Maus den Stamm hinauf

Baumläufer

Kleiber

Unter der Rinde

Lässt sich die Rinde am Stamm leicht lösen, so schau darunter. Dort kannst du die Fraßgänge der Borkenkäferlarven, Eigelege von Hundertfüßern und vieles mehr erkunden.

Abenteuer Spechthöhle

Jedes Jahr zimmert der Buntspecht eine neue Höhle ins Holz. Markiere mit einem bunten Zeichen aus Straßenkreide den Stamm, an dem du eine Spechthöhle entdeckt hast. Besuche sie regelmäßig, denn

- im Juni schreien daraus die jungen Spechte und werden von den Eltern gefüttert.
- Vögel ziehen ein: Meisen, Kleiber, Tauben und viele andere.
- Nachmieter siedeln sich für eine Saison an: Fledermäuse, Hornissen, Siebenschläfer.

Wald

Von Eichhörnchen und Baummardern

Die putzigen Eichhörnchen gehören – kein Wunder – zu den beliebtesten Waldtieren. Ihr größter Feind ist der Baummarder.

Eichhörnchen beobachten:

- klettert Baumstämme rauf und kopfüber runter
- springt meterweit von Ast zu Ast
- setzt Zähne beim Öffnen wie Flaschenöffner ein
- kann durch die geschlossene Nussschale riechen, ob die Nuss gut oder faul ist

✗ Aha!

Verfolgen sich im Frühjahr zwei Eichhörnchen, dann jagt das Männchen hinter einem Weibchen her ⇨ es ist Paarungszeit!

✗ Putzig!

Im Sommer üben junge Eichhörnchen klettern, springen, rennen im Wald.

✗ Eichhörnchen füttern

Sie können zutraulich werden und lassen sich mit der Hand füttern. Lieblingsnahrung: Haselnüsse, Bucheckern, Eicheln, Samen aus Nadelbaumzapfen, auch Pilze, Beeren, Vogeleier

Wald

Auf Kobel-Such-Tour

Kobel = kugeliges Eichhörnchennest aus dünnen Zweigen, Moos, Blättern
- in einer Astgabel in der Baumkrone
- mit zwei Ein- und Ausgängen
- zum Ruhen, Aufziehen der Jungen in den ersten Lebenswochen, kein Vorratslager

Winterkobel = dicht gepolstert mit Laub
Jedes Eichhörnchen hat mehrere Kobel!

Baummarder

- nah verwandt mit dem **Steinmarder**, der gern Dachstühle und Schuppen bewohnt und als „Automarder" verschrien ist
- katzengroß
- lebt fast nur in den Baumkronen
- ruht tagsüber in verlassener Baumhöhle oder Eichhörnchenkobel
- streift nachts kilometerweit in den Bäumen umher
- kann bis zu 4 m weit springen

Noch mehr Entdeckungen in den Baumkronen

- Eichelhäher: warnende „rätsch"-Rufe aus der Baumkrone
- Ringeltaube: größte heimische Taubenart, brütet in Baumkrone, oft in Nähe eines Habichtnests
- Habicht: der größte Feind der Ringeltaube, jagt aber nicht in der Nähe seines Nests

Wald

Die größten Tiere im Wald

Seitdem bei uns die Braunbären selten geworden sind, ist der Rothirsch der Größte in unseren Wäldern. Er kommt jedoch nur in großen Waldgebieten vor.

Wildschweine, Rehe, Füchse und Dachse – die nächstgrößeren Waldtiere – gibt es hingegen in jedem Wald. Eines haben diese fünf gemeinsam: Sie sind allesamt nachtaktiv!

So entdeckst du unsere Größten:

✘ Rothirsch

lebt eher im Verborgenen, Männchen wechselt einmal im Jahr sein großes Geweih.
Am besten sichtbar: im Wildgehege

✘ Wildschwein

sehr häufig, Weibchen und Junge leben in Rotte, Keiler zieht allein umher, suhlt sich gern im Schlamm, scheuert sein Fell an Baumstämmen ab.
Am besten sichtbar: seine Spuren, wenn das Wildschwein am Wegrand und auf Lichtungen mit seinem Rüssel im Boden nach Nahrung wühlt

Wald

✖ Reh

sehr häufig, Männchen trägt kleine Geweihstangen, werden auch jährlich gewechselt.
Am besten sichtbar: morgens und abends auf Wiesen und Feldern, die an Wälder grenzen

✖ Rotfuchs

sehr häufig, sehr schlau, ständig im Revier unterwegs, kann Spaziergänger von Jäger unterscheiden.
Am besten sichtbar: am Straßenrand
Achte bei Nacht auf die leuchtenden Augen!

✖ Dachs

bewohnt mit seiner Familie eine unterirdische Burg, zieht allein auf der Nahrungssuche herum.
Am besten sichtbar: Nur zufällig begegnest du ihm.

Im Wildgehege

In vielen Waldgebieten gibt es auch Wildgehege, in denen Hirsche, Rehe und andere Waldtiere gehalten werden. Dort kannst du die Tiere von ganz nah sehen – und das sogar bei Tag, denn hinter Zäunen fühlen sie sich sicher.

Wald

Was raschelt im Laub?

Nur im Winter liegt das Laub am Waldboden still und leise da. Sobald es warm ist, raschelt es im Laub. Wer könnte das sein? Ein Fall für den Walddetektiv!

✘ 1. Tatverdächtige: Maus

Wald-, Gelbhals- und Rötelmäuse mit langem Schwanz sowie die kurzschwänzigen Erdmäuse laufen bei der Nahrungssuche herum, bei der geringsten Störung huschen sie in ihr Nest (unter- oder oberirdisch).

✘ 2. Tatverdächtige: Drossel

Amseln, aber auch Singdrosseln wühlen im Laub, um Kleintiere zu fangen.

✘ 3. Tatverdächtige: Wolfspinne

Besonders im Sommer kommen die Wolfspinnen am sonnigen Waldboden so zahlreich vor, dass ein Rascheln zu hören ist – obwohl sie nur so klein sind.

Wald

✘ 4. Tatverdächtiger: Igel

Am Waldrand möglich, die Igel sind sehr laut! Rascheln aber nur nachts.

✘ Weitere Tatverdächtige:

- Waldeidechse – sehr scheu
- Blindschleiche – häufig, wird meist beim Sonnen auf einem Weg entdeckt
- Feuersalamander – bei regnerischem Wetter und nachts unterwegs

Vor Schlangen brauchst du dich nicht fürchten

Bei uns kommen neben den harmlosen Ringel- und Schlingnattern auch die giftigen Kreuzottern vor. Sie nehmen aber deine Schritte und Tritte wahr und verschwinden rechtzeitig. Solltest du dennoch eine aufspüren, so gehe mit festen Schritten rückwärts dahin, wo du hergekommen bist. Halte dich auf jeden Fall mindestens 1 m von der Giftschlange entfernt.

Schwarze Käfer

Im Sommer fallen dir die blauschwarz glänzenden Waldmistkäfer auf, die zuhauf auf den Waldwegen unterwegs sind. Sie sind auf der Suche nach Kot!
In der Nähe eines Kothaufens buddelt das Weibchen ein tiefes Loch in den Boden und vergräbt dort portionsweise den Kot. Auf jede Kotportion gibt sie ein Ei – und die schlüpfende Larve frisst den Kot auf.

Kleine Jäger am Waldboden

Zwischen dem Laub der Bäume, das jeden Herbst zu Boden fällt, haben viele kleine Tiere ein Lebensparadies gefunden. Und wo es genug zu fressen gibt, da sind die Jäger nicht weit.

Die Räuber!

✗ Wolfspinne

lauert am Boden auf Beute und überwältigt sie mit einem Sprung.
Aha! Weibchen tragen im Sommer den kugeligen Eikokon am Hinterleib, dann etwa 1 Woche lang die Jungspinne.

✗ Haubennetzspinne

fängt Beute mit bodennahen Stolpernetzen.

✗ Feenlämpchenspinne

jagt im Falllaub.
Aha! Ihre Eikokons hängen wie Lämpchen im Gras.

✗ Weberknecht

jagt kleine Tiere auf bodennahen Pflanzen, keine Webspinne, spinnt keine Fäden.
Aha! Lässt Bein abbrechen, um angreifenden Vogel loszuwerden.

Wald

✘ Steinläufer

Hundertfüßer, schneller Räuber, tötet Kleintiere mit giftigem Biss.
Aha! Besser nicht anfassen, kann schmerzhaft beißen.

✘ Waldameise

lebt in großen bis sehr großen Staaten, baut hohes Ameisennest, verteidigt den Bau mit schmerzhaften Bissen und Attacken mit Ameisensäure.
Aha! Beobachte das Treiben auf einer der vielen Ameisenstraßen, die zum Bau führen.

✘ Ohrwurm

jagt nachts Insekten, Männchen mit großen Zangen.

Räuber und ihre Beute aufspüren

1. Ein weißes Blatt Papier oder Tuch auf den Waldboden legen.
2. Ein bisschen im Falllaub wühlen und von ganz unten zwei Handvoll daraufgeben.
3. Hingucken: schnelle Tiere wie Spinnen, Käfer oder Asseln sausen rasch davon, langsamere Tiere wie Schnecken oder Tausendfüßer kriechen gemütlich darüber.

Müllmänner des Waldes

All die kleinen Tiere zwischen dem Laub erfüllen eine wichtige Aufgabe: Sie fressen die herabgefallenen Blätter auf und sorgen so dafür, dass der Wald nicht an seinem eigenen Müll erstickt.

| Springschwänze | Asseln | Milben | Schnecken |
| Waldschaben | Tausendfüßer | Regenwürmer | |

Achtung! Wenn Tausendfüßer sich bedroht fühlen, scheiden sie stinkendes Sekret aus.

Wald

Größer, lauter, schneller ...

In unseren Wäldern leben auch Europa- und Weltmeister, die jede Menge Rekorde innehaben. Lerne sie kennen!

✓ **Entdeckt!**

○ **Der giftigste Pilz: Grüner Knollenblätterpilz**
Nicht nur tödlich giftig, sondern auch tückisch – nach Genuss geht es einem erst schlecht, dann wieder besser und man meint zu genesen. Doch nein, das Gift wirkt weiter im Körper und führt bald zum Tod.

○ **Die größte Filterleistung: Rot-Buche**
Sie filtert jedes Jahr eine Tonne Staub = 1 000 kg aus der Luft.

○ **Das augenreichste Tier: Mosaikjungfer**
Diese Libelle fliegt gern die Waldwege entlang oder ruht sich am Wegrand unter Blättern aus. Sie besitzt bis zu 40 000 Einzelaugen!

○ **Das schnellste Kleintier: Waldameise**
Sie schafft 10 cm in einer Sekunde – wolltest du so schnell laufen, müsstest du – bezogen auf deine Körpergröße – mit 200 Stundenkilometern rennen.

○ **Der weiteste Wanderer unter den Kleintieren: Admiral**
Jedes Jahr im Sommer flattern diese Schmetterlinge vom Mittelmeer über die Alpen zu uns.

Wald

○ Der größte Käfer: **Hirschkäfer**

7,5 cm lang ist das Männchen mit den geweihähnlichen Oberkiefern, die es bei Kämpfen gegen Rivalen einsetzt.
Leckt mit seiner Pinselzunge austretende Baumsäfte auf.

○ Der giftigste Lurch: **Feuersalamander**

Gelb-schwarz signalisiert seine Giftigkeit, nach Berühren unbedingt Hände waschen!

○ Der größte Kehlsack: **Eichelhäher**

Bis zu 10 Eicheln passen in den Kehlsack dieses Waldvogels, wenn er im Herbst Wintervorräte sammelt und versteckt.

○ Der lauteste Sänger: **Zaunkönig**

Der drittkleinste Vogel bei uns, singt aber so laut wie eine Bohrmaschine.

○ Die größte Eule: **Uhu**

So groß wie ein Adler – der Weltmeister unter den Eulen!

○ Der kleinste Vogel: **Goldhähnchen**

Der Europameister! Die nur 9 cm langen Sommer- und Wintergoldhähnchen wiegen nur 4 bis 6,5 g!

Wald

Nachts im Wald

Da ist richtig was los, denn viele Waldtiere wachen erst auf, wenn es dunkel wird. Rehe, Füchse und Wildschweine gehören ebenso dazu wie Dachse, Eulen, Fledermäuse und viele Nachtfalter.

Walderlebnisse bei Nacht

- Im Winter: Waldkauzmännchen rufen „huhuu", die Weibchen antworten „kuwitt".
- Im Februar und März: Grasfrösche und Erdkröten ziehen zu den Waldweihern.
- Im Frühling: In der Dunkelheit beginnen die Vögel zu singen.
- Im Mai: Maikäfer fliegen.
- Im Sommer: Fledermäuse jagen lautlos, Nachtfalter sind unterwegs.
- Im Juni und Juli: Glühwürmchen fliegen.
- Im Herbst: Rothirschmännchen röhren zur Paarungszeit.

Waldkauz

Eulen

= Räuber der Nacht
- Die häufigste Eule: Waldkauz, 42 cm lang, Mäusejäger, kommt auch in Parks vor.
- Waldohreule: kleiner als Waldkauz, hat kleine „Federohren".

Clever: Eulen fliegen dank spezieller Federn lautlos. Das hat zwei Vorteile: Sie hören sehr genau jedes kleinste Rascheln ihrer Beutetiere, die sie aber nicht hören!

Wald

Unter den Bäumen, auf denen Eulen ruhen, kannst du Gewölle finden.
Gewölle = haarige Klumpen mit den unverdaulichen Beuteresten

✖ Aha!

Wenn du tagsüber Singvögel aufgeregt und laut lärmend um einen Ast fliegen siehst, so sonnt sich dort möglicherweise ein Waldkauz.

Waldohreule

Fledermäuse

= fliegende Säugetiere
- jagen Nachtfalter, Käfer und andere Insekten entlang der Waldwege
- wohnen gern in Spechthöhlen
- im Wald leben: Kleine Hufeisennase, Wasserfledermaus, Bartfledermaus, Fransenfledermaus, Abendsegler

Nächtliche Geräusche

Nachts hört sich alles viel lauter an. Achte auf:
- Knirschen im Baum = Blätter fressende Maikäfer
- Bellen wie ein Hund = Rehbock
- Fauchen, Grunzen, Ächzen am Boden, sehr laut = Igel
- Piepsen, Pfeifen im Geäst = Baummarder, Siebenschläfer
- „Pi"- oder „Pi-e"-Rufe: junge Eulen (Ästlinge)

Siebenschläfer

Wald

Waldabenteuer der besonderen Art

Willst du das erleben? Dann mache eine Nachtwanderung oder verbringe eine Nacht im Wald.

- Eine Nachtwanderung im Wald ist besonders gruselig, denn dort ist es viel dunkler. Die Bäume werden zu unheimlichen Riesen, Geräusche können dich erschrecken. Doch nur Mut: Es sind nur die Pflanzen und Tiere, die in deiner Fantasie so gruselig werden.

- Im Wald schlafen – das musst du einmal erlebt haben. Nutze die Angebote örtlicher Natur- und Jugendorganisationen oder frage den Förster. Manchmal baut ihr dann gemeinsam aus gesammelten Ästen und Laub einen weichen Schlafplatz für die Nacht. Und dann kommt der große Moment: Du machst das Licht deiner Taschenlampe aus … Sei neugierig, was du alles hören und erleben kannst. Tolle Ideen und Tipps dazu findest du im Kapitel »Nachtwanderung« in diesem Buch.

Natur erleben im Herbst und Winter

Im Herbst stellen sich Pflanzen und Tiere auf den Winter ein, damit sie gut über die kälteste und dunkelste Jahreszeit kommen. Was passiert mit der Natur im Herbst und Winter? Was geschieht mit den Tieren?

Für deine Abenteuertour brauchst du:

- einen kleinen Rucksack für deine Sammelfunde
- ein Getränk und einen kleinen Snack
- deine Becherlupe

✗ Achtung!

Meide an und nach stürmischen Tagen Waldgebiete, denn Äste könnten herabbrechen.

Regeln für Naturabenteurer

Im Wald und auf dem Feld, auf der Wiese, an Bach und Teich sind Pflanzen und Tiere zu Hause. Du bist dort nur Gast. Darum verhältst du dich wie ein Besucher und achtest die Pflanzen und Tiere.

- Scheuche keine Tiere auf, störe sie nicht, nimm Rücksicht.
- Reiße keine Pflanzen aus.
- Nimm deinen Müll wieder mit nach Hause.

Natur erleben im Herbst und Winter

Blätter, überall Blätter

Im Herbst verfärben sich die Blätter von Bäumen und Sträuchern in bunte Farben und fallen ab. Mit dem Laub kannst du herrliche Sachen machen.

Warum verlieren die Bäume ihre Blätter?

Über die Laubblätter verdunsten Bäume und Sträucher Wasser, das von den Wurzeln durch Stamm und Äste hochsteigt. Wenn im Winter der Boden gefroren ist, können Bäume kein Wasser aufnehmen. Damit sie dann auch kein Wasser verdunsten und verdursten, werfen die Gehölze im Herbst ihre Blätter ab.

Warum werden die Blätter gelb?

Weil der Baum den grünen Blattfarbstoff aus den Blättern in die Wurzel transportiert und dort fürs nächste Frühjahr lagert. So werden die anderen gelben, braunen und roten Blattfarbstoffe sichtbar.

Igel-Winterherberge

Fegt alle Blätter unter die Büsche und Sträucher. Dort bleiben sie über den Winter liegen und bieten Igeln und vielen Kleintieren ein warmes Winterbett.

Natur erleben im Herbst und Winter

Mein Baum-Herbarium

1. Presse die schönsten Blätter in einer Blumenpresse oder zwischen dicken Büchern.
2. Klebe jedes Blatt auf einen Bogen Papier und schreibe den Namen, Fundort und Fundtag dazu.
3. Klebe auch die Früchte, Zweige und Knospen dazu – und im nächsten Frühling die frischen Blätter und Blüten.

Aufbewahrung: in einer schön verzierten Schachtel oder zu einem Naturalbum zusammenbinden

Herbstkette

✗ Du brauchst:

- Faden oder dünnes Nähgarn
- spitze Nähnadel

Sammle schöne Blätter, Früchte, Gräser, Blumen und andere Naturmaterialien in Wald, Feld, auf der Wiese, im Garten und am Wegrand. Fädle die gesammelten Stücke beliebig auf einen Faden, den du am Ende verknotest.

Mit der Kette kannst du Fenster, Türen und Regale dekorieren oder sie als Naturerinnerung an einen schönen Herbsttag in dein Zimmer hängen.

Als Naturforscher kannst du die einzelnen Funde auch bestimmen und kleine Zettel mit Namen und Fundort dazuhängen.

Natur erleben im Herbst und Winter

Wilde Früchte

An Sträuchern und Büschen leuchten im Herbst viele bunte Früchte in roten und blauen Tönen. Sie sind begehrtes Futter von Vögeln, Mäusen, Hasen und anderen Tieren. Doch nicht alle Wildfrüchte sind essbar, manche sind für uns giftig.

Viele essbare Wildfrüchte haben giftige Doppelgänger, die ihnen sehr ähnlich sind. Doch auch diese giftigen Wildfrüchte sind für viele Tiere kostbare Nahrung.

essbar

Brombeere*

Berberitze

Schwarzer Holunder

Schlehe

Kornelkirsche*

Himbeere*

Achtung, giftig!

Blaue Heckenkirsche

Gemeiner Schneeball

Bittersüßer Nachtschatten

Waldgeißblatt

Schwarze Heckenkirsche
Faulbaum
Rote Heckenkirsche
Roter Hartriegel
Kreuzdorn

* Diese Wildfrüchte kannst du auch naschen!

✗ Wichtig!

Bevor du Wildfrüchte sammelst, musst du sie genau kennen!

Natur erleben im Herbst und Winter

Vögel auf Naschtour

Wenn die Wildfrüchte reif werden, finden sich dort Singdrosseln, Rotkehlchen und andere Vögel ein. Mit etwas Abstand kannst du nun spannende Tierbeobachtungen machen!

Leckeres mit Wildfrüchten

✗ Brombeer-Speise

Schlage einen Becher Sahne mit 50 g Zucker steif und hebe 300 g Quark unter. Auf diese Schicht gibst du 300 g Brombeeren (püriert) und obendrauf 2 Handvoll zerbröselte Kekse.

✗ Haselnusscreme

Röste 200 g Haselnüsse in der Pfanne, dann zerreibst du sie ganz fein. Mische 3 Esslöffel Sahne, 1 Esslöffel Kakaopulver und so viel Vanillezucker unter wie du magst.

✗ Roter Zuckerguss

Rühre 1 bis 2 Esslöffel Heidelbeersaft in 125 g Puderzucker, zum Verzieren von Muffins & Co. – gibt einen ganz natürlichen, leuchtend-magentaroten Überzug.

✗ Himbeer-Spieße

Spieße zehn Himbeeren auf einen langen Schaschlikspieß und tunke sie in Joghurt oder flüssige Schokolade.

Haselnussbohrer

Auf Nussjagd

Mäuse, Eichhörnchen und Haselmäuse stehen auf Nüsse. Haselnusssträucher wachsen im Garten und am Waldrand. Suche dort nach angeknabberten Nussschalen und finde heraus, wer da genascht hat.

Eichhörnchen

Maus

Natur erleben im Herbst und Winter

Herbstzeit = Pilzzeit

Pilze sind weder Tiere noch Pflanzen, sondern bilden ein ganz eigenes Reich von Lebewesen. An regnerisch-feuchten Herbsttagen kannst du sie plötzlich überall entdecken, vor allem unter Bäumen.

Lamellen   Röhren

Lamellen oder Röhren?

Wenn du auf die Unterseite des Hutes schaust, entdeckst du dort entweder Lamellen oder Röhren. Das ist ein wichtiges Merkmal, an dem du die verschiedenen Pilzarten erkennst.

✗ Achtung!

Bei uns gibt es etwa 3 500 verschiedene Großpilzarten, von denen zwar nur die wenigsten für uns giftig sind. Weil ungiftige und giftige Pilze aber oft sehr ähnlich aussehen, überlasse das Sammeln den Pilzexperten.

Pfifferling

Fliegenpilz

Steinpilz

Natur erleben im Herbst und Winter

Der gefährlichste Pilz ...

... ist der Grüne Knollenblätterpilz. Er ist **TÖDLICH GIFTIG!**
Dieser Lamellenpilz wächst gern unter Eichen, sein Hut wird
8 bis 15 cm hoch.
Fass ihn nicht an, denn auch seine Sporen sind giftig oder
können essbare Pilze giftig machen.

Grüner Knollenblätterpilz

Pilz-Liebhaber

An Pilzhüten findest du oft Fraßspuren, denn Schnecken, Rehe, Eichhörnchen, Mäuse und andere Tiere stehen auf diese Kost. Außerdem legen gern Fliegen und Mücken ihre Eier auf die Pilze, weil die schlüpfenden Larven den Pilz von innen auffressen. Doch Achtung: Solche Fraßspuren sind kein Zeichen dafür, dass der Pilz ungiftig ist!

Eichhörnchenfraß

Rehfraß

Schneckenfraß

Mausfraß

An den Stämmen

An Baumstämmen hängen die Baumpilze wie kleine Dächer. Mit diesem Wissen erkunde die Baumpilze an gefällten Stämmen am Wegesrand:
- ■ Stehen sie senkrecht, so sind sie am lebenden Baum gewachsen.
- ■ Stehen sie aber waagerecht, so wuchsen sie erst am gefällten Baum.

Natur erleben im Herbst und Winter

Vögel auf Kurs nach Süden

Jedes Jahr im Herbst machen sich Millionen Vögel auf, um ans Mittelmeer, nach Nordafrika oder noch weiter südlich zu fliegen. Bei uns müssten sie verhungern, weil es dann kaum Insektennahrung gibt.

Im V-Flug

Wenn du am Himmel Vögel siehst, die ein V oder W bilden, dann hast du ziehende Wildgänse, Weißstörche oder Kraniche entdeckt.

- Im V-Flug sparen Vögel jede Menge Energie, denn jeder fliegt im Windschatten des vorderen Vogels.
- Beobachte mit dem Fernglas: Nur der Vogel an der Spitze hat es schwer – darum wechseln sie sich ganz vorne fortlaufend ab.

In Reih und Glied

Vor dem Abflug versammeln sich Schwalben und andere Zugvögel gern auf Leitungsdrähten. Dort sitzen sie dann wie Wäscheklammern auf der Leine.

- **Beobachte:** Jeder Vogel hält so viel Abstand zu seinen Nachbarn, wie es braucht, damit kein Zank und Streit aufkommt und sich jeder gut fühlt.

Natur erleben im Herbst und Winter

Vogelscharen

Singvögel wie Singdrosseln, Feldlerchen, Stare, Pieper und Finken ziehen in großen Scharen.

- **Beobachte:** Tagsüber kannst du diese Vogelwolken am Himmel entdecken.
- **Lausche:** Wenn du schlafen gehst, öffne noch mal dein Fenster und lausche. Fernes Vogelgezwitscher stammt von Drosseln oder Feldlerchen, die bei Nacht ziehen.

Morgenrast

Frühmorgens fallen viele Zugvögel in Gärten und Grünanlagen ein, um Beeren, Wildfrüchte und Insekten zu fressen.

- **Beobachte:** In Wildsträucherhecken am Wiesenrand und auf Streuobstwiesen gibt es viel Nahrung; dort kannst du nun besonders viele Vögel entdecken.

Zug-Rekorde

Zugvögel wandern zweimal im Jahr zwischen Brutplatz und Winterquartier hin und her. Dabei legen sie beachtliche Strecken zurück. Die Rekordhalter sind:

1. Platz: Küstenseeschwalbe 17 600 km
2. Platz: Sanderling 12 700 km
3. Platz: Rauchschwalbe über 12 000 km

Küstenseeschwalbe

Sanderling

Rauchschwalbe

Natur erleben im Herbst und Winter

Auf den Winter vorbereiten

All die Tiere, die im Winter bei uns bleiben, bereiten sich nun auf die kalte, nahrungsarme Zeit vor. Dazu haben sie ganz viele verschiedene Strategien entwickelt, die du nun beobachten kannst.

Strategie 1: Winterschlaf halten

= Körpertemperatur absenken, Herzschlag und Atmung runterfahren, Stoffwechsel fast ausschalten

✗ Igel

- Im Herbst werden die 6 bis 8 Wochen alten Jungigel selbstständig und laufen wie die alten Igel auf der Suche nach Nahrung weit umher und besuchen gern eine Futterstelle.
- 500 g – so viel muss ein Igel Anfang November wiegen, um den Winter zu überleben.
- Winterschlaf von Oktober (Männchen)/Dezember (Weibchen und Jungigel) bis März, in Laubnest unter Büschen.

✗ Fledermäuse

- gehen im Herbst schon vor Sonnenuntergang auf Insektenjagd, um möglichst viel Nahrung zu sich zu nehmen. Achte auf sie an trockenen Abenden.
- Winterschlaf von Oktober/November bis März/April im Winterquartier (geschützte Höhle, Stollen, Baumhöhle).

Natur erleben im Herbst und Winter

Strategie 2: in Kältestarre verharren

= Körpertemperatur sinkt ab, kaum Stoffwechsel, bewegungslos

✘ Lurche, Eidechsen, Insekten, Spinnen und …
(Schlangen, Tausendfüßer, Hundertfüßer, Asseln, Schnecken,
Lurche = Molche, Kröten, Frösche, Salamander)
- überdauern in frostsicheren Verstecken in Kältestarre

Strategie 3: Vorräte anlegen

= Eicheln, Nüsse und andere Baumfrüchte sammeln und verstecken

✘ Eichhörnchen
- verbuddeln Vorräte am Fuß von Bäumen
- finden sie im Winter mit Nase
- ruhen an kalten Tagen in Kobel (Baumnest aus Ästen, mit Laub gepolstert)

✘ Eichelhäher
- können bis zu 10 Eicheln im Kehlsack transportieren
- verbuddeln Vorräte im Boden

Strategie 4: Nahrung umstellen

= im Winter keine Insekten, sondern Pflanzliches fressen

✘ Buntspechte
- bearbeiten Fichten- und Kiefernzapfen in Spechtschmiede (Ritze am Baumstamm), um Samen zu fressen, auch Insekten im Holz

✘ Singdrosseln
- fressen im Herbst auch viele Beeren

✘ Kleiber, Meisen
- fressen nun Baumfrüchte und Nüsse, besuchen Futterstellen

Der Wind, der Wind ...

Im Herbst ist es oft besonders stürmisch.
Stell dich mit ausgebreiteten Armen in
den Wind und spüre seine enorme Kraft.

Mit dem Wind ans Ziel

Pollen (Blütenstaub) und Samen von Blumen und Bäumen werden vom
Wind an ihr Ziel gebracht: Bei den Pollen sind es im Frühling die Blüten,
bei den Samen eine geeignete Bodenstelle, wo er keimen und zu einer
neuen Pflanze heranwachsen kann.
Pusteblume: Löwenzahn-Samen haben zum Fliegen kleine Fallschirmchen.
Ahorn: Die Samen dieser Bäume besitzen Tragflügel.

Windrad bauen

1. Schneide ein quadratisches Stück buntes Tonpapier oder Plastikfolie (15 x 15 cm) von jeder Ecke 7 cm tief ein wie auf der Zeichnung.
2. Biege dann die Ecken zur Mitte des Papiers.
3. Fädele eine Perle auf einen Nagel und befestige die vier Papierecken mit einem Hammer an einem Holzstab.
4. Wind, du kannst kommen!

Natur erleben im Herbst und Winter

So schnell weht der Wind!

Mithilfe der Beaufort-Skala kannst du abschätzen, wie stark der Wind weht.

Windstärke	Windgeschwindigkeit km/h	Wirkung des Windes
0 windstill	1	Rauch steigt senkrecht auf.
1–3 schwacher Wind	1–9	Blätter rascheln, dünne Zweige bewegen sich.
4 mäßiger Wind	20–28	Loses Papier wird vom Boden gehoben.
5 frischer Wind	29–38	Größere Zweige bewegen sich.
6–7 starker Wind	39–61	Ein großer Familienregenschirm ist schwer zu halten, Bäume bewegen sich.
8–9 stürmischer Wind, Sturm	62–88	Zweige brechen ab, Ziegel fallen von den Dächern.
10 schwerer Sturm	89–102	Bäume werden entwurzelt und fallen um.
11 orkanartiger Sturm	103–117	schwere Schäden an Häusern und überall
12 Orkan	über 118	schwere Verwüstungen

Wenn du es genau wissen willst, brauchst du einen Anemometer.
Optimales Wetter zum Drachensteigen: Windstärke 3–6

Natur erleben im Herbst und Winter

Vögeln helfen, ja bitte!

Im Winter, ja sogar das ganze Jahr hindurch, kannst du Vögeln gutes Futter und Wasser anbieten. An der Futterstelle treffen viele Vögel ein, die du gut beobachten kannst.

Vögel beobachten

Die häufigsten Besucher am Futterhaus sind: Kohl- und Blaumeisen, Sumpf- und Tannenmeisen, Grünfinken, Kleiber und Amseln
In Waldnähe: Buntspecht
Beobachte die Vögel am Futterhaus: Immer wieder legen sie den Kopf schief und schauen sich aufmerksam um. Droht keine Gefahr, fressen sie weiter.

Kleiber

✘ Aha!

Eine Kohlmeise verliert in einer kalten Winternacht bis zu 20% ihres Körpergewichts. Darum braucht sie am nächsten Morgen gleich energiereiches Futter.

Kohlmeise

Natur erleben im Herbst und Winter

Futter für alle

Wer kommt?

Futterhäuschen mit Körnermischung und in Fett getränkten Haferflocken

Meisen, Finken, Amseln, Rotkehlchen, Spatzen

Meisenknödel, Meisenspeise

Meisen, Buntspechte, Kleiber, Stare

Erdnüsse im Spender oder Säckchen

Meisen, Finken, Kleiber

Körner auf Boden ausstreuen

Buchfinken, Stare

Rosinen, Apfelstücke

Amseln, Drosseln

Maiskolben

Eichelhäher

Lieblingsfutter vieler Vögel: Erdnüsse
Das mögen nur Hühner: Weizenkörner

Amsel

✘ Wichtig!

Vogelfutter darf nicht geröstet oder gesalzen sein! Du bekommst es in Gartencentern, Supermärkten und Tierhandlungen.

Wenn Eichhörnchen das Futterhaus besuchen, biete ihnen eine mit Nüssen gefüllte Box an.

✘ Nicht füttern:

- Speisereste, Abfälle, Brot, Kuchen
- Margarine, Butter, Quark, Sahne
- gekochte Kartoffeln, Pommes frites

Blaumeise

Natur erleben im Herbst und Winter

Tiere im Winter beobachten

Die Temperaturen sind die kältesten im Jahreslauf, die Nächte sind unendlich lang und kein Grün weit und breit. Trotzdem kannst du viele spannende Beobachtungen und Entdeckungen machen. Raus geht's an die frische Luft!

Zusammen sind wir stark

Viele Tiere schließen sich nun zu Gruppen zusammen.

✘ **Beobachte:** Eichelhäher kommen nun gern zu dritt oder fünft in die Gärten. Du erkennst sie an ihrem lauten „rätsch, rätsch".

✘ **Beobachte:** Buchfinken, Zeisige und andere Singvögel sitzen in großen Trupps in den Bäumen, manche – wie die Zeisige – machen dabei viel Lärm.

✘ **Beobachte:** Krähen versammeln sich abends am Himmel zu riesigen Schwärmen, die noch eine ganze Weile am Himmel kreisen und dann auf ihren traditionellen Schlafplätzen (hohe Bäume) einfallen.

Unheimliches „huhuhu" bei Nacht

Bei den Waldkäuzen, unseren häufigsten Eulen, beginnt nun die Paarungszeit. Mit „huhuhu"-Rufen markiert das Männchen sein Revier und lockt sein Weibchen heran. Das antwortet mit „kuwitt", seltener zu hören.

Waldkauz

Natur erleben im Herbst und Winter

Wildschweine sind bei uns meist sehr scheu. Du findest aber ihre Spuren: Nachts pflügen sie mit ihren Rüsseln den Boden am Wegrand, auf Wiesen und Grünflächen auf der Suche nach Knollen, Engerlingen und anderem Nahrhaften um.

Wildschwein

Vom Auto aus beobachten

- Auf Wiesen und Feldern in Waldnähe suchen Rehe in kleinen Gruppen nach Nahrung, besonders gut in der Dämmerung zu beobachten.
- Am Straßenrand sitzen gern Mäusebussarde, die dort auf überfahrene Tiere lauern.

Gefiederte Wintergäste

Aus dem hohen Norden kommen nun viele Vögel zu uns, die den Winter bei uns verbringen.
Du kannst sie beobachten:
- Bergfink, Birkenzeisig, Seidenschwanz, Rotdrossel

Seidenschwanz

Wann hörst du den ersten Singvogel?

Vögel bauen mit ihren Gesängen akustische Zäune um ihr Brutrevier: Es reicht ungefähr so weit, wie man den Vogel hören kann.
Amseln zetern auch im Winter laut „tix, tix". Schon an warmen Januartagen beginnen die Kohl- und Blaumeisen mit ihren Gesängen: „zizibäh".
Im Spätwinter hörst du Kleiber trillern und pfeifen.

✗ **Lausche:** auf die lauten Trommelschläge der Buntspechte.

Lärm am Stadtteich

Auch im Winter ist am Stadt- und Parkteich viel los: Majestätisch zieht ein Höckerschwan über die glatte Wasserfläche, während in Ufernähe die Enten und Blässhühner lärmen.

Viele Schwäne

Höckerschwanpaare besetzen das ganze Jahr über an Teich, See und Fluss ein recht großes Revier, das sie gegen andere Schwäne verteidigen.
Entdeckst du auf einem Stadtteich ganz viele Schwäne, dann sind das Junggesellen-Weibchen und -Männchen, die kein Revier erobern konnten und daher auch nicht brüten. Bei uns gibt es nämlich viel mehr Schwäne als Brutreviere.
So erkennst du die Geschlechter:
Männchen: großer schwarzer Höcker über dem Schnabelansatz
Weibchen: ohne Höcker

✘ Rekord!

Mit einem Gewicht von 13 kg gehört der Höckerschwan zu den schwersten Vögeln auf der Erde, die fliegen können!
- **Beobachte:** Beim Starten läuft er flügelschlagend auf dem Wasser, er braucht eine lange Startbahn.
- **Lausche:** singende Fluggeräusche der Flügel.

Natur erleben im Herbst und Winter

Die häufigste Ente: Stockente

Sie werden am Teich recht zutraulich und kommen nah heran.
So erkennst du die Geschlechter:
Weibchen: das ganze Jahr über bräunlich
Männchen (= Erpel): von Herbst bis Frühsommer schillernd flaschengrüner Kopf, im Sommer und Herbst bräunlich

- **Beobachte:** Im Winter beginnen die Enten zu balzen. Dabei machen die Erpel merkwürdige Schwimmbewegungen. Wie reagieren die Weibchen?

✗ Aha!

Warum frieren Enten nicht auf dem Eis fest?
Dank eines Tricks: Ihre Füße sind sehr kalt, weil im Blutkreislauf der Beine ein Wärmeaustauscher sitzt. Dort liegen Arterien und Venen ganz dicht beisammen. Darum fließt nur kaltes Blut in die Füße, das vor dem Rückfluss in den Körper wieder angewärmt wird. Schwäne, Blässhühner und andere Wasservögel beherrschen denselben Trick.

Streithahn am Winterteich: Blässhuhn

✗ Aha!

Das Blässhuhn ist kein Huhn, sondern eine Ralle!
Wenn die Blässhühner im Uferbereich ein Revier zum Brüten besetzen, werden sie zu richtigen Raufbolden.

- **Lausche:** Die Männchen beschimpfen sich mit lauten „pix"-Rufen.
- **Beobachte:** Kontrahenten gehen mit Flügelschlägen und Fußtritten aufeinander los.
- Männchen und Weibchen sehen völlig gleich aus!

Natur erleben im Herbst und Winter

Auf Tierspurensuche

Wenn Gärten, Felder, Wiesen und Wälder von frischem Schnee bedeckt sind, kannst du zahlreiche Tierspuren entdecken. Geh am besten gleich morgens los, dann erfährst du welche Tiere nachts unterwegs waren.

Tierspuren im Garten

Katzentritt

Deine Suche beginnt schon an der Haustür.
Dort findest du die Spuren von
- Katzen: runder Abdruck mit 5 Ballen ohne Krallen, 3–3,5 cm
- Hunden: Pfotenabdruck klein bis groß, mit dem Maßband messen
- Eichhörnchen: Pfotenabdruck sehr schmal, 3–4 cm lang
- Vögeln: kleine Vogelfüße mit drei Zehen nach vorne und einer nach hinten

 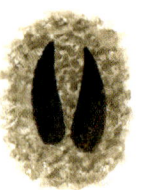 

Eichhörnchenspur — Reh — Wildschwein

Tierspuren im Wald

- Reh: Hufabdruck 3,5–5 cm lang
- Wildschwein: Hufabdruck 8–12 cm lang, Afterklauen sichtbar

Natur erleben im Herbst und Winter

Tierspuren am Wasser

- Graureiher: auffallend groß, Abdruck 14–17 cm lang
- Ente: Abdruck 7–8 cm lang, Schwimmhäute sichtbar

Entenspur

✘ Tipp!

Wenn kein Schnee liegt, suche feucht-matschige Bodenstellen auf. Auch dort kannst du Tierspuren entdecken.

✘ Wichtig!

Wirf auch einen Blick in die nun blattlosen Baumkronen und Büsche. Dort findest du:
- Vogelnester
- Eichhörnchenkobel

Tierspur der besonderen Art

An sonnigwarmen September- und Oktobertagen fliegen feine Spinnfäden durch die Luft. Sie bleiben gern an deinen Armen hängen. An den selbst gesponnenen Fäden reisen kleine Spinnenbabys zu neuen Standorten – über die Straße, ins nächste Dorf oder sogar rund um die Welt. Doch keine Angst: Nicht an jedem Faden hängt noch die Spinne …

Natur erleben im Herbst und Winter

Eine Spurenfalle bauen

Wo? An einer engen Stelle eines Waldpfads.
Wann? Abends.
Was? Im Winter Schnee, von Frühling bis Herbst Sand oder Schlamm.
Wie? Dicke Schicht Material auftragen, ausbreiten und glatt streichen.
Und dann? Am nächsten Tag vorbeikommen und Spuren sichten.

Noch mehr Spuren

Tiere hinterlassen nicht nur ihre Fußabdrücke. Es gibt viel mehr Spuren, die dir zeigen, wer so alles im Wald lebt.

Finde:
- verlassene Vogelnester
- Eichhörnchenkobel
- Ameisenhaufen
- Kot vom Rotfuchs (markiert damit sein Revier)
- leer gefressene Zapfen
- angeknabberte Pilze
- Vogelfedern

Eichelhäher

Mäusebussard

Buntspecht

Sachen suchen am Strand

Am Strand trifft das Meer auf das Land. Mit den Wellen, der Flut und den Stürmen werden jede Menge Schätze an den Strand gespült. Was auf den ersten Blick aussieht wie ein langer Streifen Abfall, ist in Wirklichkeit ein Sammlerparadies für Strandabenteurer.

Für dein Strandabenteuer brauchst du:

- einen scharfen Blick für all die herrlichen Sachen
- Uhr, um die Zeit im Blick zu haben (wegen der nächsten Flut)
- Korb für Sammelfunde
- Stock, um im Angespül zu stochern
- Sonnenschutzmittel und Sonnenhut
- Getränke und kleinen Imbiss
- Trillerpfeife für den Notfall

Was ist der Spülsaum?

Das ist der Strandabschnitt, den die letzte Flut überspült hat. Als das Wasser abgelaufen ist, hat es größeres und kleineres Treibgut als Angespül zurückgelassen. Im Spülsaum findest du Algen, Tange und Seegras, dazwischen tote und lebendige Meerestiere oder Reste von ihnen.

Sachen suchen am Strand

Gut gerüstet ins Abenteuer

Bei einer Wanderung am Strand kannst du ganz viele Schätze des Meeres sammeln. Du findest Algen und Tange, Muschelschalen und Schneckenhäuser, Schalen von Seeigeln und Seesternen, Schulpe, Eigelege und jede Menge Treibholz und Angeschwemmtes, leider auch Müll.

Die Gezeiten: Ebbe und Flut

Mond und Sonne ziehen die Wassermassen in ihre Richtung. Durch die Drehung der Erde um ihre eigene Achse entstehen Ebbe (Niedrigwasser) und Flut (Hochwasser). Jede Ebbe und jede Flut dauert etwas mehr als sechs Stunden.
Bei Ebbe fallen viele Strandbereiche trocken und können nun leicht besucht werden.

✗ Strandräuber-Tipp

Die beste Zeit für Strandsammeltouren: Ebbe. Das Beste: Jede Flut und jeder Sturm bringen neue Schätze an Land!

Feuerqualle

Wurzelmundqualle

Kompassqualle

Ohrenqualle

Sachen suchen am Strand

Verhaltens- und Vorsichtsregeln

- Fasse keine angespülten Quallen an, denn manche sind sehr giftig und verbrennen beim Berühren deine Haut.
  Informiere dich, wann Ebbe und Flut ist, und beende deine Tour rechtzeitig vor der nächsten Flut.
- Achte auf Sturm-Warnzeichen am Strand.
- Wenn du Wertvolles am Strand findest, so gehört das nicht dir. Bringe es zur nächsten Polizei.

Strandräuber – die gab es wirklich!

Strandräuber waren Menschen, die frühmorgens den Spülsaum abliefen und sich die Dinge aneigneten, die das Meer an Land gespült hatte. Sie nahmen nur angespülte Wertgegenstände, Geräte und Ähnliches mit, das sich zu Geld machen ließ. An Muscheln und Federn hatten sie kein Interesse.

Sachen suchen am Strand

Strand-Schätze: Muscheln und Schnecken

Muschelschalen und Schneckenhäuschen gehören zu den häufigsten Funden am Strand. Doch viele Schneckengehäuse sind von einem Einsiedlerkrebs bewohnt, der sich bei Gefahr ins Haus zurückzieht. Lass diese Schneckenhäuser am Strand!

Häufige Muschelschalen:

Einsiedlerkrebs

Herzmuschel
bis zu 5 cm groß

Miesmuschel
bis zu 8 cm lang

Baltische Plattmuschel
bis zu 3 cm groß

Sägezähnchen
bis zu 4 cm lang

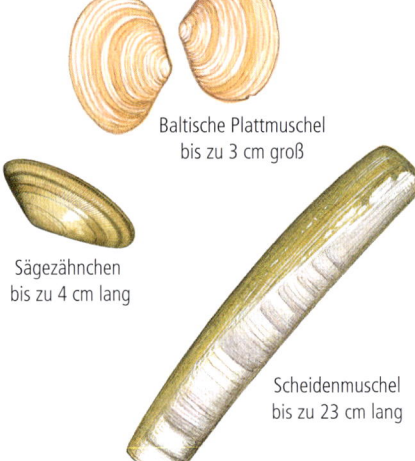

Sandklaffmuschel
bis zu 15 cm lang

Scheidenmuschel
bis zu 23 cm lang

Sachen suchen am Strand

Muscheln angucken

Betrachte die Schalen genau und achte auf:
- außen die Zuwachsstreifen
- außen die Rippen, Höcker und andere Strukturen
- innen das Schloss
- innen die zwei Abdrücke der Schließmuskeln

✘ Aha!

Ein kleines kreisrundes Loch in der Muschelschale stammt von der räuberischen Nabelschnecke; sie hat die Muschel überfallen und das Innere ausgefressen.

Wellhornschnecke
bis zu 11 cm lang

Häufige Schneckengehäuse:

Strandschnecke
bis zu 4 cm groß

Nabelschnecke
bis zu 2 cm groß

Wattschnecke
kürzer als 1 cm

Schneckengehäuse angucken

- Siehst du das innerste Ende der spiralig gewundenen Schale? So groß war die Schnecke einmal, als sie aus dem Ei kroch!
- Guck dir mehrere verschiedene Schneckengehäuse an. Fällt dir auf, dass manche links gewunden, andere rechts gewunden sind? Lege die Schneckenhäuschen so, dass die Mündung (= große Öffnung) zu dir zeigt.

Sachen suchen am Strand

Strand-Schätze: Schwemmholz

Schwemmholz ist ein toller Strandfund! Die angeschwemmten Äste und Zweige sind leicht. Weil sie oft viele Jahre lang im Wasser waren, haben manche bizarre Formen und Strukturen angenommen. Das „uralte" Aussehen verdanken sie dem Wasser und der Sonne.

Schau dir die gefundenen Schwemmholzstücke an und lass deine Fantasie spielen. An was erinnern sie dich? An Engel, Fische, Vögel und andere Fantasiegestalten? Dann bastle diese Dinge aus den herrlichen Schwemmholzstücken.

✘ Aha!

Löcher im Treibholz stammen von Holzbohrasseln und „Schiffsbohrwürmern" (= Muscheln).

Fisch-Schlüsselanhänger

✘ Du brauchst noch:

- Metallöse
- Metall-Schlüsselring
- Acrylfarben

✘ So geht's:

1. Befestige die Metallöse an der Spitze des Schwemmholzes.
2. Drehe den Schlüsselring in die Öse.
3. Bemale das Schwemmholz wie einen Fisch.

Schwemmholz-Flugzeug

Die drehenden Propeller zeigen
dir an, wie stark der Wind geht.

✗ Du brauchst noch:

- kurze Nägel
- Metallstift
- Kaugummi
- Schleifpapier
- Acrylfarben
- Hammer
- Bohrer
- evtl. Säge

✗ So geht's:

1. Säge die Teile ähnlich der Zeichnung zu oder verwende Schwemmholz-Stücke.
2. Glätte die Holzkanten mit Schleifpapier.
3. Bemale die Teile.
4. Nagle die Teile zusammen.
5. Bohre den Metallstift auf die Flugzeug-„Nase".
6. Bohre ein Loch in die Propellermitte.
7. Stecke den Propeller auf den Stift, mit Kaugummi sichern.

Holzgirlande fürs Fenster

Du brauchst noch:

- Schnur
- Bohrer

✗ So geht's:

1. Bohre in jedes Schwemmholzstück ein Loch.
2. Fädle die Stücke auf die Schnur.
3. Du kannst auch Perlen und andere Fundstücke mit auffädeln.

Sachen suchen am Strand

Strand-Schätze: Algen und Tange

Durch die angespülten Algen und Tange bekommst du einen Eindruck von der Pflanzenwelt des Meeres. Stürme reißen diese Meerespflanzen vom Untergrund im Meer los und treiben sie an Land.

Biologen unterscheiden bei den Algen und Tangen:

Grünalgen:
sind grün
(besitzen denselben
grünen Blattfarbstoff
wie die Pflanzen
im Garten)

Braunalgen:
sind olivgrün
bis dunkelbraun
gefärbt und
ledrig derb

Rotalgen:
die artenreichste
Algengruppe,
oft buschige oder
blättrige Formen
in Rottönen

Häufig angespülte Algen und Tange:

Darmalge

Meersalat (glitschig)

Blasentang (bis zu 70 cm lang)

Sägetang (ohne Schwimmblasen)

Zuckertang (oft schleimig)

Röhrentang

Kamm-Rotalge

Sachen suchen am Strand

✗ Aha!

Der Zuckertang heißt so, weil seine bis zu 4 m langen blattähnlichen Teile süß schmecken.

✗ Strandräuber-Tipp

Leckeres Rezept: Käsestücke mit Zuckertang umwickeln und in der Pfanne ausbacken.

✗ Aha!

Blasentang hat auffallende Schwimmblasen – sie breiten den Tang im Wasser aus, sodass die Alge optimal mit Licht und Wasser versorgt ist.

Blasentang

✗ Aha!

Braunalgen enthalten viele Alginate, die Zahnpasta, Duschgel, Speiseeis, Sahnetorten und anderen Produkten zugesetzt werden.

Algen pressen …

… für Herbarium, Collagen, Karten, Kalender
Am Strand gesammelte Algen trocken transportieren, nicht in Wasser!

✗ So geht's:

1. Algen kurz unter Leitungswasser abspülen.
2. Handwaschbecken mit Wasser füllen.
3. Algen im Wasser auf weißem Blatt Papier ausbreiten.
4. Papier und Alge vorsichtig aus dem Wasser ziehen.
5. Alge mit Pinzette oder Malpinsel schön flach nebeneinander anordnen.
6. Alge mit Gazestoff (Nylonstrumpf) bedecken, zwischen Zeitungspapier (alle 1 bis 2 Stunden wechseln) pressen.

Strand-Schätze: Steine

Viele Strände sind übersät mit Steinen. Die schönsten nimmst du mit nach Hause, mit all den anderen erschaffst du Naturkunstwerke. Sie bleiben am Strand und laden Wind und Wasser ein, mit ihnen zu spielen.

✘ Aha!

Stein ist nicht gleich Stein: Mit Glück und Geduld findest du am Strand mehr als 300 verschiedene Gesteinsarten!
Darunter:

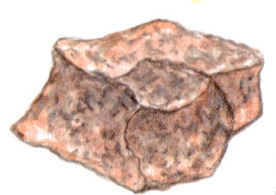
Rödö-Rapakivi-Granit

- Rödö-Rapakivi-Granit (über 1.500 Millionen Jahre alt) aus Mittelschweden
- Chiasma-Sandstein (über 500 Millionen Jahre alt)
- Schlierengneis
- Feuersteine (aus der Kreidezeit, ca. 100 Millionen Jahre alt)

Feuersteine, auch Flint genannt

Feuerstein

= weiße Knollen, innen hell- bis dunkelbraun
- sind sehr hart, lassen sich gut bearbeiten, mit äußerst scharfen Schlagkanten
- in der Steinzeit wichtiges Rohmaterial für Werkzeuge und Waffen
- Feuer machen: mit Pyrit auf Feuerstein schlagen

Sachen suchen am Strand

✘ Aha!

Feuersteinknollen mit einem natürlich entstandenen, durchgehenden Loch sind „Hühnergötter". Sie sind ein Talisman und haben früher Pferde und Kühe in den Ställen vor Hexen und bösen Geistern geschützt.

✘ Strandräuber-Tipp

Wie Käse durchlöcherte Steine
= super als Ständer für Stifte oder zum Aufbewahren von Vogelfedern
Löcher in Steinen und Felsbrocken stammen von Bohrmuscheln! Sie haben sich jahrelang mühsam eine Wohnstätte in den harten Untergrund geätzt und gefräst.
Schau genau: Findest du darin ihre Schalenklappen?

Stein-Kunstwerke

Mit Steinen kannst du tolle Sachen bauen:
- Wer setzt die Steine zu einem wunderschönen, lückenlosen Mosaik zusammen?
- Wer baut den höchsten Turm aus Steinen?

Sand

= fein zerriebene Steine
- Sammle Sand an verschiedenen Stränden!
- Schüttle Sand in einem Glas mit Wasser auf und lass ihn sich am Boden absetzen.

Strand-Schätze: Besondere Funde

Außer Muschelschalen, Schneckenhäusern, Algen, Tangen und Steinen findest du jede Menge Skurriles und Bizarres am Strand. Dabei lernst du noch mehr Meeresbewohner kennen.

Regelmäßige Funde sind:

1. bis zu 30 cm lange Schulpe = kalkiges Rückenskelett der Tintenfische (Stützfunktion und Schwebeorgan, weil das Tier darin Gase einlagern oder abgeben kann; dieses System ist schon Hunderte Millionen Jahre alt.)

    Schulp

2. tote Strand- und Schwimmkrabben sowie andere Krebstiere

Strandkrabbe

Taschenkrebs

3. kalkige Rückenpanzer oder Scheren von Krabben und Krebsen = stammen nicht nur von toten Tieren, sondern können auch Teile des zu eng gewordenen Panzers sein, den die Krebse bei der Häutung abstreifen
4. verschiedene Eigelege und Laich mit derben Verpackungen wie
    - faustgroße Eiballen der Wellhornschnecken
      (= dichte Pakete aus vielen miteinander verklebten Kissen)
    - gallertige Eigelege von Grübchen und anderen Meeresschnecken
5. verschiedene Quallen (im Sommer und Frühherbst)

Sachen suchen am Strand

✗ Strandräuber-Tipp

Untersuche die Eigelege mit der Lupe! Vielleicht entdeckst du darin bereits die sich entwickelnden Jungschnecken.

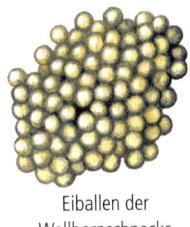
Eiballen der Wellhornschnecke

- „Trauben mit schwarzen zugespitzten Beeren"
  = Tintenfisch-Laich

✗ Strandräuber-Tipp

Wenn du eine „Beere" (= Ballen) aufschneidest, findest du darin einen winzig kleinen Tintenfisch; wenn der Nachwuchs schlüpft, sind die Eltern schon lange tot.

- kissenförmige Nixentaschen mit langen Fortsätzen an den Ecken (mit denen die Eikapseln an Meerespflanzen und anderen festen Strukturen abgelegt wurden)
- braunschwarze Eikapseln der Nagelrochen (fast quadratisch)
- bräunliche, manchmal durchsichtige Eikapseln der Katzenhaie (länglich rechteckig)

✗ Aha!

Aus den Kissen sind keine Larven geschlüpft, sondern lebende Jungrochen und Jungkatzenhaie; die leeren Hüllen treiben wegen ihres geringen Gewichts auf und werden an den Strand geworfen.

Nixentasche und junger Katzenhai

✗ Strandräuber-Tipp

Besuche ein Aquarium und schau dir dort Nixentaschen mit lebenden jungen Katzenhaien an!

Sachen suchen am Strand

Strand-Schätze: Noch mehr Funde

Nach Sturmfluten, im Herbst und im Frühjahr gibt es spannende Funde am Strand. Das ist die beste Zeit zum Sammeln.

Seestern

Nach Sturmfluten findest du auch am Strand:

- grobgekittete Röhrenschläuche der Bäumchenröhrenwürmer
- zierliche Köcher des Goldköcherwurms
- Seesterne
- Strandigel, Herzigel, Seeigel, Zwergseeigel
  Meist: sind dies leere kuppelförmige Gehäuse; die Höcker = Ansatzstellen der Stacheln
  Mit Glück: unversehrter Igel mit Stacheln; in der Mundöffnung unten sitzt der komplizierte Kauapparat = Laterne des Aristoteles (ein komplizierter Bänder- und Sehnenapparat, eines der größten mechanischen Wunder der Natur!)

✘ Strandräuber-Tipp

Beleuchte ein leeres Seeigelgehäuse im Dunkeln von innen mit einer Taschenlampe – super!

Begutachte angespültes Treibgut

Seeigel

Holz und Tange sind fast immer von Meerespflanzen bewachsen oder von irgendwelchen Tieren besiedelt:
- Seepocken (= Rankenfüßer, kleine Krebstiere)

Sachen suchen am Strand

✗ Strandräuber-Tipp

Lege die Seepocken in ein Glas mit Meerwasser und guck dir die Filtrationsbewegungen der Tentakeln mit der Lupe an!

Seepocke

- blaue Schalen der Entenmuscheln (= auch Rankenfüßer)
- Moostierchen (= eigene Gruppe von Meerestieren, bilden flache pelzige oder krustige Überzüge)
- zierliche Spiralen der Posthörnchenwürmer (sehen wie Schneckenhäuschen aus)
- verschnörkelte Gehäuse der Dreikantwürmer

Nach besonders starken Stürmen:
- Fossilien (= versteinerte Reste von ausgestorbenen Tieren) werden aus dem unterseeischen Gestein (vor allem Kreide und Muschelkalk) herausgespült und an den Strand geworfen.

Häufige Funde:
- Donnerkeile = versteinerte Schulpe der Tintenfisch-Vorfahren, die vor Millionen Jahren in den Weltmeeren gelebt haben.

✗ Aha!

Seebälle = runde, filzig-faserige Bälle, meist beeren- bis tennisballgroß, aber auch bis zu basketballgroß, bestehen aus herausgerissenen Fasern von Seegräsern, die am Meeresboden wachsen, Brandung formt daraus die Bälle.

✗ Aha!

Im Herbst werden auch große Mengen Seegras angespült. Früher haben das die Menschen gesammelt und als Isoliermaterial und zum Dachdecken verwendet.

Sachen suchen am Strand

Strand-Schätze: Federn

Alle Vögel tragen ein Gefieder. Enten, Möwen und die anderen Wasser- und Watvögel wechseln einmal im Jahr ihr Federkleid. Weil diese Mauserzeit im Sommer liegt, findest du dann besonders viele Federn am Strand.

Ein bisschen Federkunde

Schau dir Federn mit der Lupe an:
- Daunenfedern sind das warme Unterhemd der Vögel.
- Konturfedern sitzen am Schwanz, an den Flügeln und bedecken den Körper.
  Sie bestehen aus:

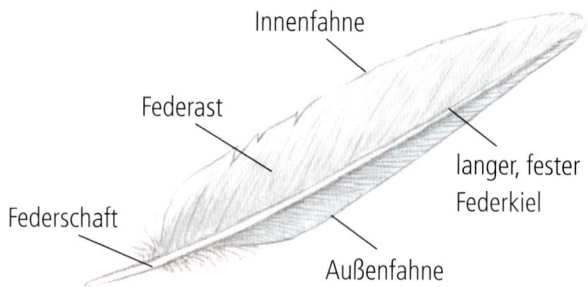

Innenfahne
Federast
langer, fester Federkiel
Federschaft
Außenfahne

✗ Strandräuber-Tipp

Gute Fundplätze für Federn sind:
- Spülsaum
- Rastplätze der Wasservögel

Sachen suchen am Strand

Federn am Strand:

Austernfischer

Säbelschnäbler

Federn sammeln

Rotschenkel

Silbermöwe

1. Sammle nur saubere Federn.
2. Wasche die Federn in einer Schüssel mit lauwarmem Wasser und Spülmittel.
3. Gut trocknen lassen.

Eine Federsammlung anlegen

Aufbewahrung:
- einzeln oder zu mehreren in Klarsichthüllen
- in die seitlichen Rillen von Wellpappe stecken
- in aus Knete geformte Kugel stecken

Fantasievögel basteln

Aus Schwemmholz oder Ästen, Federn, Steinen und anderen Fundstücken gestaltest du tolle Vögel.

✗ Du brauchst dazu noch:
- Kleber
- Wasser- oder Acyrlfarben
- Schleifpapier

Halte im Sand auch Ausschau nach den Laufspuren der Vögel!

Sachen suchen am Strand

Strand-Schätze:
Treibgut, Müll aus aller Welt

Nicht nur Reste und Teile von Tieren und Pflanzen werden an den Strand gespült, auch jede Menge Müll landet im Spülsaum. Dazu gehören Flaschen, Plastikbehälter, Teile von Fischernetzen, Korkstücke, Styropor und vieles mehr.

✘ Aha!

Müll-Zahlen-Müll
- 78 von 100 am Strand gefundenen Müllteilen sind aus Plastik.
- Plastik hat eine Lebensdauer von 450 Jahren!
- Ein Großteil des Plastikmülls stammt von Schiffen.

Gefährlicher Müll

- Netze, Schnüre = tödliche Fallen, See- und Küstenvögel verheddern sich darin.
- Leere Glas-, Shampoo- und andere Plastikflaschen = gefährliche Fallen, kleine Meerestiere werden darin gefangen.
- Feuerzeuge, Schnuller, Spraydosen = gefährliche „Nahrung", werden von Seehunden, Schweinswalen, Möwen und anderen Meerestieren gefressen.

✘ Aha!

Schwarze, klebrige Klumpen am Strand = Öl, stammt meist von Schiffen
- geriet durch Unfall, Nachlässigkeit oder Umweltfrevel ins Meer
- verklebt das Gefieder von Tausenden von See- und Strandvögeln, die daher sterben müssen

Sachen suchen am Strand

✗ Strandräuber-Tipp

Wenn du Plastiktüten im Wasser oder am Strand findest, sammle sie unbedingt auf. Meeresschildkröten verwechseln die im Meer schwebenden Tüten mit ihrer Lieblingsspeise Qualle. Die unverdaulichen Plastiktüten verstopfen den Magen, sodass die Tiere keine Nahrung mehr zu sich nehmen können und verhungern.

Basteln mit Treibgut

Die Strandräuber haben im Sommer am Meer reiche Beute gemacht dank Sucherblick und Finderglück; daraus wurden gebaut:
- eine Flotte aus Nordseeschiffen (aus Schwemmholz, Korken, Müll)
- ein stacheliges Bürstentier (aus alter Bürste, Pinselfunde, Schwemmholz)
- Strandkunst: Skulpturen aus gefundenen Naturmaterialien und Strandmüll

✗ Strandräuber-Tipp

Gräser, Binsen und Algen lassen sich gut wie Schnüre verknoten.

Strandfundsammlung anlegen:

- in einem Setzkasten
- in schönen Schachteln
- in Gläsern
- in dicken Bilderrahmen
- auf einem Naturfund-Regal

Beschrifte jedes Fundstück mit Name, Fundort und Funddatum!

Sachen suchen am Strand

Strand-Schätze: Flaschenpost

Flaschenpost gibt es nicht nur bei Pippi Langstrumpf, bei den Fünf Freunden und den Drei ???, sondern auch in Wirklichkeit: Du kannst sie in Ausstellungen und Museen mit Strandgut begutachten – vielleicht findest du ja auch eine am Strand.

So geht eine Flaschenpost:

1. Brief oder Dokument schreiben
2. Brief, Dokumente und evtl. auch andere Gegenstände in eine leere Flasche stecken
3. Flasche wasserdicht verschließen
4. In einen Fluss oder ins Meer werfen
5. Hoffen, dass die Flaschenpost an einen anderen Ort gespült und gefunden wird

Wer versendete eine Flaschenpost und warum?

- Früher: Schiffbrüchige, um gerettet zu werden
- Früher: Auswanderer auf langen Schiffspassagen an die Daheimgebliebenen
- Briefmarkensammler, um von fremden Ländern Briefmarken zu erhalten
- Polarforscher in der Arktis, um Nachrichten von der Expedition zu übermitteln
- Meeresforscher, um die Richtung von Strömungen zu ermitteln

Sachen suchen am Strand

✖ Strandräuber-Tipp

Halte Ausschau nach gelben Badewannenentchen:
Am 10. Januar 1992 verlor ein Frachtschiff bei einem schweren Sturm im Nordpazifik drei Container mit etwa 29.000 Kunststofftieren: gelbe Enten, grüne Frösche, blaue Schildkröten und rote Biber. Seitdem wurden sie in Alaska, Australien, Indonesien, Chile, in der Beringstraße, Grönland und England an den Strand gespült.
Meeresforscher erfuhren Neues über Meeresströmungen und Ozeanwinde.

✖ Aha!

Über 100 Jahre trieb eine der ältesten Flaschenposten in der Ostsee.
- ausgeworfen am 17.05.1913
- gefunden im März 2014 von einem Fischer in der Kieler Förde

✖ Strandräuber-Tipp

Für Tüftler: ein kleines Mini-Schiff, meist ein Segelschiff, bauen und in eine Glasflasche stecken.

Sachen suchen am Strand

Strand-Schätze: Bernsteine

Mit den Stürmen werden auch ganz besondere „Steine" an die Strände der Nord- und Ostsee gespült. Dann kannst du zwischen Holzteilchen, Seegras und Miesmuscheln braune, orange oder hell- bis goldgelbe Bernsteine finden.

Bernsteine = „Gold der Ostsee" = versteinertes Harz von Nadelbäumen, die vor vielen Millionen Jahren in Skandinavien wuchsen

✗ Strandräuber-Tipp

Guck dir jeden Bernsteinfund genau an. Vielleicht entdeckst du darin Pflanzen- oder Kleintierfossilien (Spinnen, Skorpione, Fliegen, Stechmücken, Flöhe, Ameisen, Käfer), die einst auf dem Harz kleben blieben, starben und mit dem Harz versteinerten.

So kannst du Bernstein von braunen Glasscherben unterscheiden:
- Bernstein ist leichter und weicher als Glas.

Für Schmuckstücke:
- Bernstein mit feinem Poliermittel glatt schleifen
- mit feinem Bohrer Löcher in Bernstein bohren, dabei Bohrer nicht drücken!

✗ Strandräuber-Tipp

Die beste Zeit, um Bernsteine an Nord- und Ostsee zu finden, ist am Morgen nach Herbst- und Winterstürmen.

Sägen, hämmern, bauen

Mit Säge, Hammer und Nägeln kannst du tolle Sachen bauen. Das geht ganz einfach. Natürlich musst du stets voll bei der Sache sein, damit du dich und andere nicht verletzt.

Zum Sägen und Hämmern brauchst du:

- Lust und Laune am Bauen
- einen guten Arbeitsplatz, am besten in einer Werkstatt
- ein bisschen handwerkliches Geschick
- gutes Werkzeug
- Schmirgelpapier, Nägel, Schrauben und Kleber
- Pflaster und Verbandmaterial für alle Fälle
- und natürlich jede Menge Holz und Farben

Deine schönsten Holzarbeiten …

- kannst du an Eltern, Geschwister oder Freunde verschenken
- oder auf dem nächsten Schulfest verkaufen und dir von dem Erlös gutes Werkzeug, feines Holz und neue Nägel kaufen.

Sägen, Hämmern, Bauen

Richtig sägen und hämmern

Da du beim Sägen, Hämmern und Bauen mit scharfen und spitzen Werkzeugen und Nägeln umgehst, musst du ein paar Dinge beachten.

Vor allem Sicherheit

Säge und Hammer sind kein Spielzeug! Sei beim Werkeln stets achtsam. Wenn du müde wirst oder dich nicht mehr konzentrieren kannst, mache eine Pause oder beende für heute deine Arbeit.

✗ Säge-und-Hammer-Regeln

- Säge und hämmere nur an einem stabilen Arbeitstisch!
- Spanne dein Werkstück rutschfest mit einer Schraubzwinge ein!
- Trage enganliegende Arbeitskleidung, besonders an den Ärmeln!

So einfach geht Sägen

Es gibt verschiedene Sägen:
- Fuchsschwanz: Damit kannst du Holz mit einem geraden Schnitt absägen.
- Laubsäge: Damit kannst du dünne Holzplatten in jede beliebige Form sägen.
- Elektrische Stichsäge: Damit kannst du sowohl gerade als auch gebogene Linien sägen.

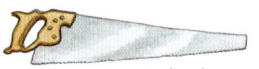
Fuchsschwanz

Laubsäge

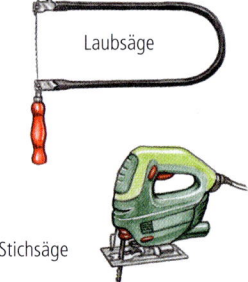
Stichsäge

Sägen, Hämmern, Bauen

Am besten funktioniert die Säge, wenn du das ganze Sägeblatt benutzt und nicht nur wenige Zentimeter in der Mitte des Sägeblatts.

 Tipp

Wenn du mit dem Sägen beginnst, halte einen Holzklotz als Anschlag an den Riss und säge daran entlang.
Wenn ein kleiner Anfangssägeschnitt entstanden ist, brauchst du den Holzklotz nicht mehr und sägst in der Kerbe weiter.

So einfach geht Nageln

Wenn du ungeübt bist, probiere zuerst das Nageln an einem Übungs-Holzstück.

1. Wähle immer einen Hammer, den du gut halten kannst und der nicht so schwer ist.
2. Mit der linken Hand hältst du den Nagel an die gewünschte Stelle.
3. In der rechten Hand hältst du den Hammer und gibst kleine Schläge auf den Nagelkopf, bis dieser einige Millimeter in das Holz eingedrungen ist und von allein stehen bleibt.
4. Die linke Hand weg vom Nagel, denn jetzt schlägst du den Nagel mit kräftigen Hammerschlägen ins Holz.
5. Linkshänder machen es umgekehrt.

 Tipp

Wenn beim Hämmern der Nagel krumm wird, mit dem Hammer wieder gerade klopfen und weiter schlagen. Du kannst den Nagel beim Hämmern auch mit einer Zange festhalten.

Sägen, Hämmern, Bauen

Einen Spinnennetz-Baurahmen bauen

Jeden Tag baut die Kreuzspinne ein neues Netz, nachdem sie das alte aufgefressen hat. Biete ihr doch im Blumenbeet oder zwischen Büschen einen Rahmen für ihr nächstes Netz an.

✗ Du brauchst für einen 30 x 40 cm großen Spinnennetz-Baurahmen:

- 2 Holzleisten ca. 40 x 3,5 x 2 cm
- 2 Holzleisten ca. 30 x 3,5 x 2 cm
- Holzleim
- Schnur
- 8 Holzklötzchen oder Stifte
- Schleifpapier
- ca. 30 cm langen Holzstab

1. Die vier Leisten an den Enden genau auf Gehrung sägen.
2. Die schrägen Schnittflächen der Leisten mit Holzleim bestreichen und zusammen legen.
3. Eine Schnur um den kompletten Rahmen legen.
4. Je zwei Holzklötze oder Stifte in die Mitte zwischen Holzleisten und Schnur legen, diese nach außen schieben, bis die Schnur fest gespannt ist und Leim aus den Fugen quillt.

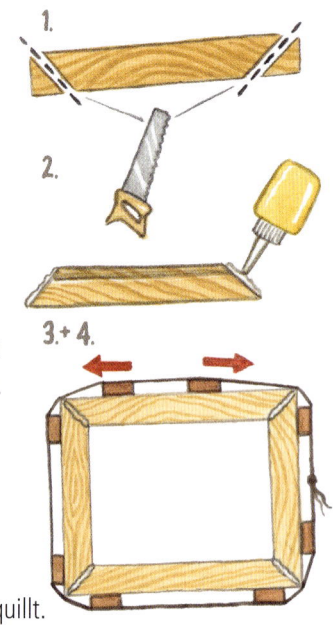

Sägen, Hämmern, Bauen

5. Den Leim kurz antrocknen lassen, Reste mit nassem Tuch entfernen.
6. Wenn der Leim getrocknet ist: Spannschnur entfernen und Rahmen nachschleifen.
7. Mit wasserfesten Farben anmalen oder mit bunten Bändern verzieren.
8. In die Mitte der unteren Leiste ein Loch bohren, Holzstab darin festleimen. Mit dem Holzstab kannst du den Rahmen in die Erde oder ins Gebüsch stecken.

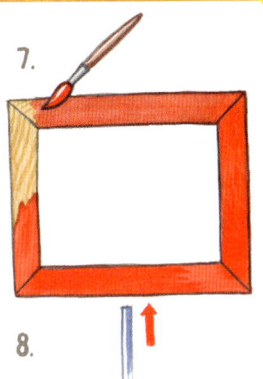

Du kannst dir natürlich auch in einem Bastelgeschäft vier fertige Leisten für Bilderrahmen besorgen und diese miteinander verbinden.

Mein Bilderrahmen

Falz

Wenn du auf die Rückseite der Leisten innen einen Falz einarbeitest, hast du einen Bilderrahmen. Für ein Foto reicht ein kleiner Falz, bei einem dicken Keilrahmen-Bild muss der Falz 1–2 cm tief sein.

Aufhängung: Von hinten in die obere Leiste jeweils 3 cm vom Rand entfernt eine Ringschraube eindrehen, daran Draht oder stabile Schnur binden.
Bild sichern: Mit kleinen Stichnägeln, die du über dem Bild in die Falz oder Leiste hämmerst.

Was ist Gehrung?

Die Eckverbindung in einem Bilderrahmen, an der zwei Holzleisten im rechten Winkel aufeinandertreffen, nennt man Gehrung. Damit die Holzleisten dort zueinanderpassen, müssen ihre Enden 45 Grad schräg geschnitten sein.

Sägen, Hämmern, Bauen

Meine Schatzkiste

Gesammelte Naturfunde, geheime Schätze oder auch ein Schatz bei einer Schnitzeljagd haben Platz in deiner Schatzkiste, die du ganz leicht selber bauen kannst. Für eine größere Kiste nimmst du einfach größere Holzbretter.

✗ Du brauchst dazu:

- 4 x Fichtenholzbretter 30 x 20 x 1,8 cm (Boden, Rückwand, Front, Deckel)
- 2 x Fichtenholzbretter 16,4 x 20 x 1,8 cm (Seitenwände)
- Nägel
- 2 Scharniere

1. Säge die Fichtenholzbretter in den angegebenen Maßen zu.
2. Lege die Rückwand auf den Arbeitstisch und schlage an den beiden 20 cm langen Seiten je vier Nägel so weit ein, dass die Spitzen unten herauskommen.
3. Mache dasselbe bei der Front.
4. Stelle die beiden Seitenwände im richtigen Abstand auf den Arbeitstisch und lege oben die Rückwand außen bündig auf.
5. Wenn die Brücke stabil steht, schlägst du die angefangenen Nägel komplett ein.
6. Mache es dann genauso mit der Front.
7. Lege nun den Boden auf den Kistenkorpus und nagle ihn rundherum fest.
8. Befestige die Scharniere mit den beigelegten kleinen Schrauben zuerst am Deckel, dann auf der Rückwandkante. Fertig!

Sägen, Hämmern, Bauen

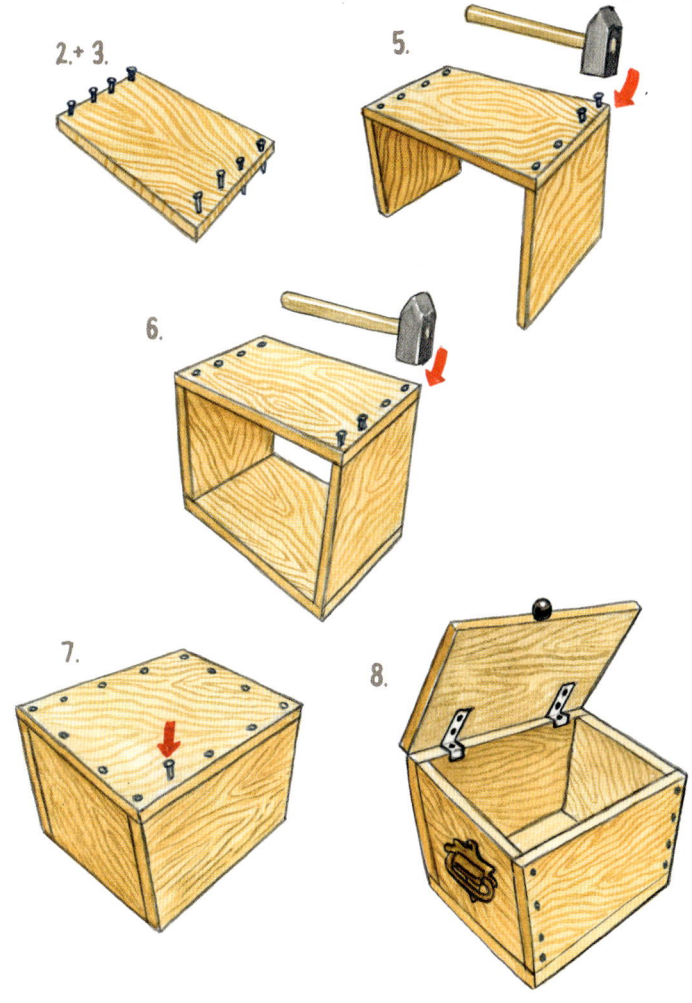

Nach Belieben kannst du nun Griffe, Beschläge oder ein dickes Schloss anbringen und die Naturkiste nach deiner Fantasie bemalen.

Sägen, Hämmern, Bauen

Ein Holz-Tierpuzzle sägen

Mit einem Holz-Tierpuzzle schenkst du doppelte Freude: Es macht richtig viel Spaß, solch ein Puzzle selber zu bauen – und kleine Geschwister freuen sich beim Zusammensetzen der Puzzleteile.

✘ So geht's:

1. Zeichne ein Tier auf ein Blatt Papier.

2. Schneide das Tier aus und lege es auf eine dünne Laubsäge-Sperrholzplatte.

3. Übertrage das Tier auf die Holzplatte mithilfe eines Bleistifts.

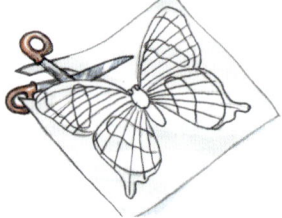

4. Zeichne nun geschlungene Linien auf das Tier, damit es ein Puzzle wird.

5. Säge das Tier mit einer Laubsäge aus.

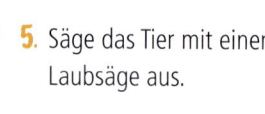

Sägen, Hämmern, Bauen

6. Schleife die Ränder mit Schleifpapier glatt.

7. Bemale das Tier mit bunten Acrylfarben, gut trocknen lassen.

8. Säge entlang der aufgemalten Linien das Tier in Teile.

9. Fertig ist dein Holzpuzzle.

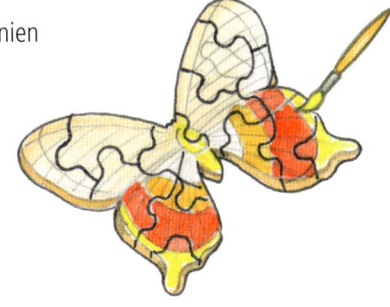

✗ Für Profis

Das Holzpuzzle wird umso schwieriger, je mehr Einzelteile es enthält. Vielleicht möchtest du ja auch die geschlungenen Linien auf dem Tier so wie bei einem richtigen Puzzle mit Nasen und Einbuchtungen zeichnen? Du kannst Papp-Puzzleteile als Schablonen verwenden.

Welches Tier magst du gern?

Vielleicht eine Ente oder einen Schmetterling? Oder lieber ein Pferd oder einen Elefanten? Oder magst du Delfine, Marienkäfer, Frösche oder Schildkröten noch lieber?
Natürlich kannst du auch andere Motive nehmen, ein Auto zum Beispiel, ein Haus oder einen Baum.

Wenn du ein 3 cm dickes Holzbrett nimmst, bleibt das Puzzletier sogar hochkant wie eine Holzfigur stehen. Damit die Teile dann nicht auseinanderrutschen, säge sie wie richtige Puzzleteile aus. Und mach das Tier nicht höher als 10 cm.

Sägen, Hämmern, Bauen

Einen Blumenkasten bauen

Aus Holz kannst du einen hübschen Blumenkasten bauen, der deine Fensterbank schmückt oder Balkon und Terrasse verschönert. Dazu stellst du einfach bunte Blumen in Töpfen in den Kasten.

✗ Du brauchst dazu:
- 1 x Holzbrett 40 x 18 x 1,8 cm (Boden)
- 2 x Holzbretter 40 x 15 x 1,8 cm (Rückwand, Front)
- 2 x Holzbretter 14,4 x 15 x 1,8 cm (Seitenwände)
- Nägel
- Holzlasur und Pinsel

Für die Holzbretter wählst du Fichten- oder Kiefernholz, witterungsbeständiger ist Akazien- oder Lärchenholz.

Den Blumenkasten kannst du genauso bauen wie die Schatzkiste auf Seite 202/203, allerdings ohne Deckel, also:
1. Holzbretter zusägen.
2. Auf Rückwand und Front Nägel einschlagen.

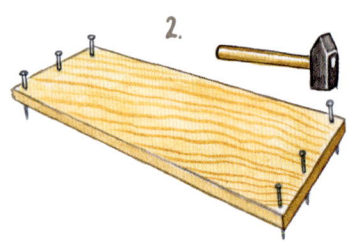
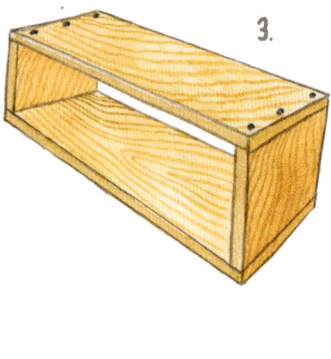

Sägen, Hämmern, Bauen

3. Aus Seitenwänden und Rückwand Brücke bauen und zusammen nageln, dann Front fest nageln.
4. Boden festnageln.
5. Fertig!

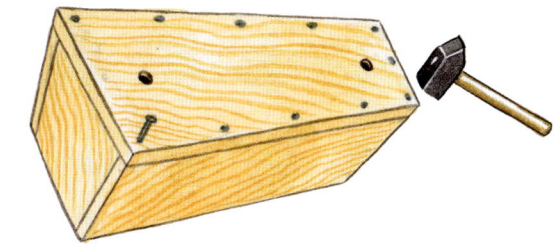

Nun kannst du den Blumenkasten mit der Holzlasur streichen. Mindestens 24 Stunden trocknen lassen!

✗ Wichtig!

Damit überschüssiges Gießwasser ablaufen kann, solltest du vor dem Zusammenbauen in das Bodenholzbrett ein paar 1 cm große Löcher bohren.

In den Blumenkasten kannst du nun Blumen, Kräuter und Balkonpflanzen in Töpfen hineinstellen. Wenn du den Blumenkasten bepflanzen möchtest, schlage ihn innen mit Folie aus. Dann füllst du den Kasten zuerst mit einer Schicht Kies, dann mit Blumenerde. Und nun: Blumen pflanzen.

Sägen, Hämmern, Bauen

Abenteuer pur: Seifenkiste

Schon seit über 100 Jahren gibt es Seifenkistenrennen, bei denen Kinder in aus Holzkisten gebauten Rennfahrzeugen um die Wette fahren. Bei dieser einfachen Konstruktion lenkst du die Seifenkiste mit den Füßen, die auf der Vorderachse stehen.

✗ Du brauchst:

- 2 x 50 cm lange Kanthölzer, 4 x 4 cm
- Schlossschraube, Unterlegscheibe und Mutter
- 4 Flacheisen
- Vorder- und Hinterachse mit Rädern von einem alten Kinderwagen
- ein 3 cm starkes Holzbrett, 100 x 20 cm oder eine ähnlich große Holzkiste
- 4 x 2 cm starke Holzplatten, 40 x 40 cm (Sitz)
- Holzschrauben
- 2 Ringschrauben
- stabiles Seil

1. Bohre in die Mitte eines Kantholzes ein Loch und stecke die Schlossschraube durch.
2. Befestige unter beide Kanthölzer je eine Achse mit je 2 Flacheisen.
3. Schraube das Brett mit 2 Holzschrauben mittig auf das Kantholz der Hinterachse, hinten 10 cm überstehend.
4. Säge die Holzplatten zurecht, baue daraus einen Sitz mit Rücken- und Seitenlehnen, auf Bodenbrett montieren.
5. Setz dich auf den Sitz und stelle die richtige Länge fest, wenn du mit angewinkelten Beinen deine Füße auf die Vorderachse stellst.

Sägen, Hämmern, Bauen

6. Bohre die Schlossschraube dann mittig durch das Brett und schraube die Vorderachse mit der Mutter so fest, dass sie sich noch bewegen kann.

7. Binde das Seil rechts und links an die Vorderachse.

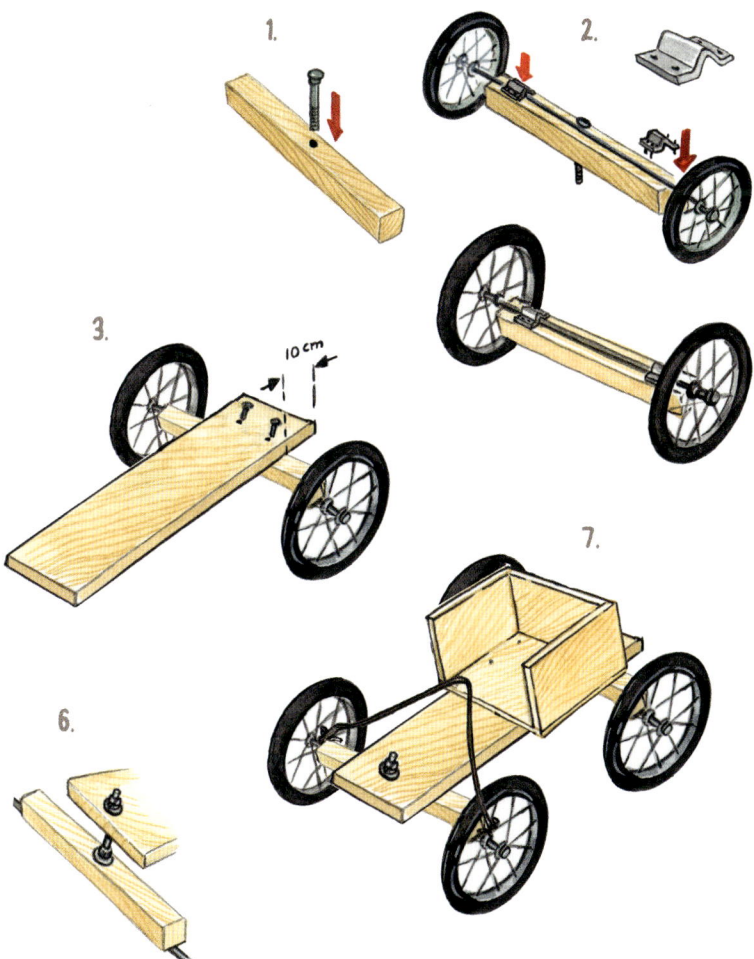

Sägen, Hämmern, Bauen

Ein Höckerchen bauen

Auf dem Schemel kannst du die schönsten Funde deiner Tierspurensammlung ausstellen – du kannst aber auch darauf sitzen oder Blumen darauf stellen.

1.+2.

✘ Du brauchst dazu:
- 1 Holzbrett 20 x 40 cm (Sitz)
- 2 Holzbretter 20 x 25 cm (Seitenteile)
- 1 Holzleiste 16,5 x 4,5 x 2,5 cm
- Schleifpapier
- Holzleim
- Bienenwachslasur oder bunte Holzfarbe

1. Zeichne auf dem Sitzbrett die vier Aussparungen für die Seitenteile ein und säge sie mit der Stichsäge aus.
2. Wenn du möchtest, kannst du in der Mitte auch ein Griffloch wie auf der Zeichnung aussägen.
3. Übertrage die Zeichnung auf die beiden Bretter der Seitenteile und säge sie aus.

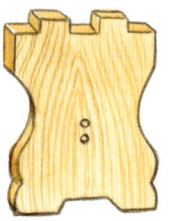 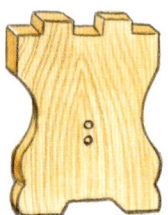

Sägen, Hämmern, Bauen

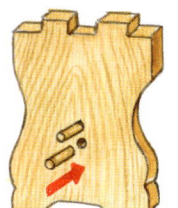
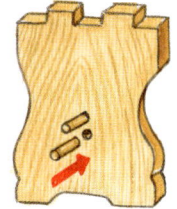
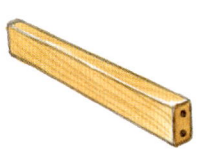

4. Bohre Dübellöcher in die Seitenteile und die Holzleiste.
5. Stecke nun zur Kontrolle alle Teile zusammen – vielleicht musst du noch nachschleifen.

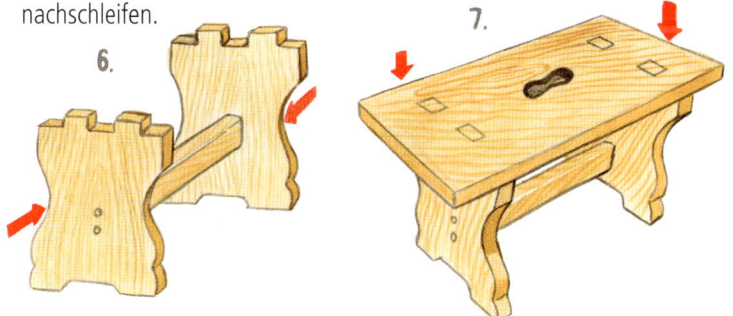

6. Leime dann die Holzleiste mithilfe von Dübeln zwischen die Seitenteile.
7. Leime die Sitzfläche auf die Seitenteile.
8. Streiche den Schemel mit Bienenwachslasur oder male ihn bunt an.

✘ Tipp

Wenn irgendwo die Löcher zu groß waren, kannst du diese mit Leim und Schleifstaub zuspachteln.

✘ Noch einfacher gemacht

Wenn dir das Zusammenbauen zu kompliziert ist, geht es auch so:
1. Verzichte auf die Aussparungen im Sitz und Zapfen auf den Seitenteilen.
2. Nagle oder schraube die Seitenteile von oben an den Sitz.
3. Nagle die Holzleiste von außen an die Seitenteile.

Sägen, Hämmern, Bauen

Schleuder aus einer Astgabel schnitzen

Noch älter als Pfeil und Bogen ist die Schleuder, mit der du kleine Steinchen auf gestapelte Dosen oder andere Gegenstände zielen kannst – niemals auf Menschen oder Tiere!

✗ Du brauchst:

- y-förmige Astgabel, am besten von einem Haselnussstrauch, einer Eiche oder Buche
- dickes Gummiband, etwa Einmachgummi, oder alter Fahrradschlauch
- reißfeste Schnur

1. Kürze die Längen der drei Äste ein: der untere sollte 10 cm lang, die beiden oberen 10–15 cm lang sein.
2. Entferne die Rinde vorsichtig mit dem Messer.
3. Glätte die Oberfläche mit Schleifpapier.
4. Schneide feine Kerben jeweils etwa 1 cm von den vorderen Enden entfernt in die Äste.
5. Befestige daran das Gummiband mithilfe der Schnur.
6. Jetzt ist die Schleuder einsatzbereit!

Wenn du magst, kannst du deine Schleuder auch mit wasserfesten Farben bemalen oder mit bunten Kordeln verzieren.

Profi-Tipp: Fädle ein kleines Stück Leder auf das Gummiband und schiebe es in dessen Mitte.

Insektenhotels und Co. selbst bauen

Du liebst Tiere? Du gehst gern mit Holz um? Und du bastelst gern? Dann rein ins Abenteuer: In diesem Kapitel findest du tolle Sachen, die du für Vögel, Insekten und andere Tiere bauen kannst.

Erst bauen – dann Tiere beobachten

Rund um dein Zuhause leben jede Menge Tiere – Vögel, Säugetiere, Insekten und viele mehr.

Sie brauchen:
- Unterschlüpfe zum Schlafen
- schützende Verstecke
- Plätze zum Brüten und Nisten
- Futterstellen
- Tränken

Solche Sachen kannst du für verschiedene Tiere bauen.

Du brauchst dazu:
- Lust und Laune zum Bauen
- ein bisschen handwerkliches Geschick
- gutes Werkzeug
- verschiedene Materialien

Insektenhotels und Co. selbst bauen

Klassisches Insektenhotel

Ohne Insekten gäbe es keine Äpfel, Kirschen und viele andere Früchte. Außerdem sind sie wichtige Nahrung für viele Vögel und andere Tiere. Mit einem Insektenhotel kannst du ihnen helfen.

Mehrzweck-Insektenhotel

In diesem Insektenhotel finden Wildbienen, Ohrwürmer, Schmetterlinge, Florfliegen und viele verschiedene Insekten eine Unterkunft.

Du brauchst:
- 2 cm dicke Holzbretter in den Größen:
- 3 x für Böden (je 36 x 11 cm)
- 2 x Seitenwände (je 30 x 11 cm)
- 2 x Zwischenwände (je 12 x 11 cm)
- 1 x Dach (50 x 12 cm)
- 1 x Dach (48 x 12 cm)
- 1 x Etagenboden Dach (24 x 11 cm, angeschrägt)

Außerdem:
- Holzschrauben
- Dachpappe
- Dachpappnägel

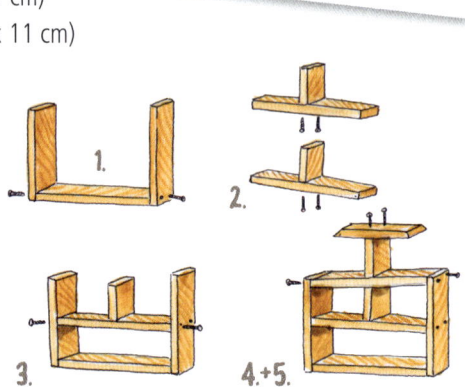

Insektenhotels und Co. selbst bauen

So geht's:

1. Schraube die beiden Seitenwände an den unteren Boden.
2. Stelle eine Zwischenwand mittig auf den mittleren Etagenboden und schraube sie fest.
3. Stelle die zweite Zwischenwand auf den oberen Etagenboden und schraube sie fest.
4. Schraube nun nacheinander den mittleren und oberen Etagenboden an die Seitenwände.
5. Schraube mittig auf die obere Zwischenwand den Dach-Etagenboden.
6. Schraube die beiden Dachbretter zusammen und fixiere sie dann mit Schrauben an der Dach-Etagenwand; dabei steht das Dach vorne 1 cm über.
7. Nagle die Dachpappe auf das Dach.

✘ Nun füllst du die einzelnen Etagen nach Belieben mit:

- Kiefernzapfen (mit Kaninchendraht vor dem Rausfallen schützen)
- Bambusröhrchen und Schilfstängeln
- Lochziegeln aus Ton
- Schneckenhäusern von Weinberg-, Bänder- und anderen Schnecken
- Hartholz mit Bohrlöchern (in 11 cm lange Hartholzäste und Hartholzstammstücke bohrertiefe, blind endende Löcher mit 2–8 mm Durchmesser bohren)
- Baumrindenstücken, Rindenmulch oder Holzwolle (locker einfüllen, mit Kaninchendraht vor dem Rausfallen schützen)

✘ Tipp

Biologen bevorzugen das Anlegen von vielen kleinen Insektenhotels an verschiedenen Orten, in denen jeweils nur wenige Arten Unterschlupf finden. Denn unter den Insekten gibt es natürlich auch Räuber und Parasiten.

Insektenhotels und Co. selbst bauen

Wildbienenhotels

Neben der Honigbiene leben bei uns über 800 verschiedene Wildbienenarten. Viele Wildbienen legen im Frühjahr und Sommer ihre Eier in Hohlräume, die du ihnen in verschiedenen Wildbienenhotels anbieten kannst.

Hartholz-Hotel

Du brauchst:
- eine 12 cm dicke Baumscheibe vom Laubbaum (z. B. Buche)

So geht's:
1. Bohre in die Baumscheibe verschiedene Sacklöcher*, die einen Durchmesser von 2–8 mm haben. Du darfst das Holzstück nicht durchbohren. Lass etwa 1 cm Platz zwischen den Löchern.
2. Schraube zwei Ösenschrauben in das Holz.
3. Befestige einen Draht oder eine Kordel zum Aufhängen an den Ösenschrauben.

* Sackloch = ein Loch, das hinten blind endet

✗ Aha!

Der beste Platz für Wildbienenhotels:

Wo? Sonnig, warm, regen- und windgeschützt.
Wann? Im Februar/März.
Wie? Waagerecht aufhängen.

Insektenhotels und Co. selbst bauen

Wichtig! Mehrere Jahre draußen hängen lassen, nicht ins Haus holen oder beseitigen!

Nisthalm-Hotel

Du brauchst:
- ein Bündel 20 cm langer Bambusröhrchen, Schilfstängel oder Strohhalme
- eine saubere Konservendose

So geht's:
1. Entferne beide Deckel von der Konservendose mit einem Dosenöffner. Achtung! Die Schnittkanten sind sehr scharf! Nicht in die Dose hineingreifen!
2. Sortiere alle hohlen Pflanzenstängel aus, die vorne ganz glatte Enden haben. Stecke nur diese in die Konservendose hinein – sie können auch herausragen. Wichtig: Achte darauf, dass die Öffnungen der Röhrchen, Stängel und Halme vorne ganz glatt und nicht eingerissen sind; notfalls mit etwas Schleifpapier glätten.

✘ Beobachte!

Im Frühjahr und Sommer – wie Wildbienen Pollen für die Brut eintragen.
Im Frühjahr – wie junge Wildbienen schlüpfen.

✘ Aha!

Löcher sind verschlossen!
Das machen die Wildbienen, wenn der Hohlraum komplett mit Brutzellen belegt ist.

Insektenhotels und Co. selbst bauen

Ein Haus für Hummeln

Jedes Jahr im Frühjahr gründen die großen Hummelköniginnen einen neuen Staat, zum Beispiel in einem Mäuseloch. Vielleicht zieht auch eine in dein Hummelhaus ein.

Das Hummel-Jahr

Hummeln = die bekanntesten Wildbienen

Februar/März	Hummelkönigin verlässt frostsicheres Winterversteck, sucht Nistplatz für neuen Staat.
Frühjahr	Hummelkönigin baut erste Waben, legt Eier, sucht Nahrung, kümmert sich um Arbeiterinnenlarven.
Frühsommer bis Herbst	Arbeiterinnen übernehmen Arbeiten: bauen Waben, suchen Nahrung, kümmern sich um Larven, Königin legt nur noch Eier.
Spätsommer	Neue Königinnen und Männchen (Drohnen) starten zum Hochzeitsflug.
Herbst	Arbeiterinnen und Männchen sterben, Königin sucht frostsicheres Winterversteck.

✗ Tipp

Damit die Hummeln immer was zum Naschen haben, kannst du diesen Snack auch von Frühjahr bis Herbst neben dem Hummelhaus anbieten.

Insektenhotels und Co. selbst bauen

Hummelhaus bauen

Du brauchst:
- einen Tonblumentopf
- trockenes Heu oder Stroh
- einen gewölbten Dachziegel

So geht's:
1. Vergrößere das Abzugsloch am Boden, etwa mit einer Feile.
2. Fülle locker Heu oder Stroh in den Topf.
3. Stelle den Topf im Februar/März umgekehrt an eine geschützte Stelle unter Sträucher. Du kannst ihn auch umgekehrt so in die Erde eingraben, dass das Loch bodeneben liegt.
4. Lege den Ziegel über das Haus, sodass es nicht hineinregnet.

Survival-Hummelsnack

Wenn es im Frühjahr plötzlich kalt draußen wird, werden Hummeln oft davon überrascht. Damit Hummeln, aber auch Honig- und andere Wildbienen diese Kälteeinbrüche überleben, bietest du ihnen an:
1. 4 Esslöffel Fruchtzucker (kein Gelierzucker!) + 2 Esslöffel Zucker mischen.
2. Zuckermischung in 3 Esslöffel Wasser auflösen, gut umrühren.
3. 1 Stunde stehen lassen, nochmals umrühren.
4. Den klaren, durchsichtigen Snack in umgekehrte Plastikbausteine (Lego) füllen und Hummeln anbieten.

Insektenhotels und Co. selbst bauen

Marienkäfer-Schlafhäuschen

Nachts und über den Winter verstecken sich Marienkäfer an frostfreien Plätzen — oft in großen Scharen. Dort verharren sie bis zu den ersten warmen Frühlingstagen.

So baust du das Schlafhäuschen

Du brauchst:
- einen Blumentopf oder Anzuchttopf aus Kokosfasern
- trockene Holzwolle, Heu oder Stroh
- 2 Zweigstücke
- einen Bambus- oder Holzstab

So geht's:
1. Fülle Holzwolle, Heu oder Stroh in den Topf.
2. Drücke ein Kreuz aus passenden Zweigstücken in die Topföffnung, damit die Füllung nicht herausfällt.
3. Stecke von unten den Stab in das Schlafhäuschen und platziere es an einem regengeschützten, warmen Platz zwischen Sträuchern und Pflanzen oder in Hausnähe.

✗ Beobachte!

Marienkäfer und deren Larven bei der Jagd auf Blattläuse.
Marienkäfer = Freund der Gärtner

Insektenhotels und Co. selbst bauen

Variante 1: für Ohrwürmer

In dem Marienkäfer-Schlafhäuschen fühlen sich auch Ohrwürmer wohl. Sie verbringen darin den Tag. Platziere es zwischen Sträuchern oder im Geäst von Bäumen.

✘ Aha!

Ohrwürmer = Insekten, keine Würmer!
Sie sind Allesfresser, die auch Blattläuse, Mehltaupilze und Obstbaumgespinstmottenlarven fressen.

✘ Wichtig!

Weil Ohrwürmer auch an reifem Obst naschen, Schlafhäuschen vorm Reifwerden der Früchte aus den Bäumen entfernen.

Variante 2: für Florfliegen

Florfliegen verbringen den Winter im Marienkäfer-Schlafhäuschen. Platziere es in 1,5–2 m Höhe im Geäst eines Baumes oder Strauches.
Die Larven der Florfliegen ernähren sich auch von Blattläusen.

Insektenhotels und Co. selbst bauen

Schmetterlingshotel

Schmetterlinge, die wie bunte Edelsteine von Blüte zu Blüte gaukeln, sind die beliebtesten Insekten. Die Falter suchen Unterschlupf an einem geschützten Platz wie diesem Schlossturm.

Schmetterling-Infos

Bei uns leben: rund 3 000 verschiedene Schmetterlingsarten.
Das sind: etwa 230 Arten Tagfalter, der Rest sind Nachtfalter. 60% der heimischen Schmetterlingsarten stehen auf der Roten Liste der gefährdeten Arten.

Tagpfauenauge

Schmetterlings-Hotel bauen

Du brauchst:
1 cm dickes Sperrholz in den Maßen:
- Rück- und Vorderwand:
  2 Bretter 14 x 25 cm
- Boden: 1 Brett 14 x 23 cm
- Seitenwände: 2 Bretter 12 x 20 cm
- Dach: 1 Brett 14 x 9 cm,
  1 Brett 14 x 10 cm

So geht's:
1. Säge bei der Rück- und Vorderwand die Dachschrägen ab (Spitze 25 cm, an den Seiten 20 cm).

Insektenhotels und Co. selbst bauen

2. Bohre in die Vorderwand nebeneinander 3 Löcher (Durchmesser 10 mm), dann säge unterhalb und oberhalb der Löcher 1 cm breite Schlitze hinein; durch diese Öffnungen gelangen die Falter hinein.
3. Runde das Bodenbrett vorne ab für die Landeplattform.
4. Nagle nun den Turm zusammen, zuerst die Rückwand an die beiden Seitenwände, dann die Vorderwand und den Boden.
5. Locker mit Holzwolle füllen.
6. Nagle das Dach zusammen und setze es auf das Hotel.
7. Aufstellen: an einem geschützten, sonnigen Platz.

Aha!

Gäste:
- nachts: Tagfalter
- tagsüber: Nachtfalter

Auch Marienkäfer besuchen gern das Hotel!

Angebote auf der Landeplattform

- Lecksalz: einen Kochsalzstein oder grob gekörntes Speisesalz
- Mineralien: feuchte Erde
- Schmetterlingstrunk: Zuckerwasser

Zuckerschnüre

Tränke Schnüre oder dicke Fäden aus Baumwolle mit Zuckerwasser.
Hänge sie für die Schmetterlinge an Äste und Zweige.

✘ Beobachte!

Wie Schmetterlinge an Blüten, am Salzstein und an Zuckerschnüren saugen.
Wo entdeckst du sie noch saugend?

Insektenhotels und Co. selbst bauen

Meisen-Nistkasten

Meisen brüten in dunklen Baumhöhlen – sie ziehen aber auch gern in Nistkästen ein. Wenn du mehrere aufhängst, freuen sich auch Kleiber, Schnäpper, Spatzen, Rotschwänze und andere Vögel.

Einen Nistkasten bauen

Du brauchst:
- 1 cm dickes Sperrholz wie in der Zeichnung zu sehen

So geht's:
1. Bohre in das Holzbrett D für die Vorderwand ein Flugloch.
2. Bohre in das Bodenbrett A 2 Löcher (10 mm), damit Feuchtigkeit ablaufen kann.
3. Nagle oder schraube die Rückwand E an den Boden A, dann die Seitenwände B und C an Boden und Rückwand.
4. Befestige die Vorderwand D nur oben rechts und links an den Seitenwänden, damit du sie zum Reinigen öffnen kannst.
5. Zuletzt nagle oder schraube das Dach auf die Rück- und Seitenwände.
6. Du kannst den Nistkasten mit Acrylfarben bemalen.

Insektenhotels und Co. selbst bauen

Das Flugloch
Je nachdem wie groß das Flugloch ist, besiedeln diese Vögel den Nistkasten:
26–28 mm: Blaumeise, Tannenmeise und andere kleine Meisen
32 mm: Kohlmeise, Kleiber
35 mm: Sperling, Schnäpper
Oval (48 mm hoch, 32 mm breit): Gartenrotschwanz

Kohlmeise

Nistkasten marder- und katzensicher machen

Mit diesem Schutz kann keine Katze oder Marder den Nistkasten plündern!

Du brauchst:
- 2 Holzbretter 13 x 7 cm

So geht's:
1. Bohre in die Mitte jedes Holzbretts ein Loch in der Fluglochgröße.
2. Dann nagle beide Bretter über das Flugloch auf der Vorderwand.

Nistkasten aufhängen
- an einem regengeschützten, warmen Platz

Nistkasten reinigen
- Wenn die Jungvögel ausgeflogen sind, das alte Nistmaterial entfernen. Fertig!

X Beobachte!
Welche Vögel ziehen in den Kasten ein?

Kleiber
Sperling
Rotschwanz

Insektenhotels und Co. selbst bauen

Vogeltränke

Auch Vögel haben Durst. Für sie ist das Trinken genauso wichtig wie das Fressen. Darum bietest du den Vögeln das ganze Jahr über Trinkwasser an.

Eine Vogeltränke bauen

Vögel müssen – wie du – jeden Tag Wasser trinken. Vogeltränken sind flach, an der tiefsten Stelle höchstens 5 cm tief.

Vogeltränke 1: Blumentopfuntersetzer mit Wasser füllen, lege ein paar Kieselsteine als Landeplätze hinein.

Vogeltränke 2: Forme aus Ton eine flache, muldenförmige Schale und verschieden große Kugeln, lass alles in einem Brennofen brennen.

Vogeltränke 3: Forme im Erdboden eine flache Mulde, die du mit Folie auslegst. Beschwere den Rand rundherum mit Steinen, gib ein paar Steine in die Mulde und fülle sie mit Wasser.

Vogelbad

Vögel baden gern. Dabei säubern sie ihr Gefieder.

Vogelbad 1: Fülle eine flache Schale mit Wasser.
Vogelbad 2: Fülle eine flache Schale mit Chinchilla-Sand – darin baden vor allem Spatzen sehr gern.

Insektenhotels und Co. selbst bauen

Vogelbad 3: Hebe unter dem Dachtrauf ein etwa 10 cm tiefes Loch aus, fülle es mit Chinchilla-Sand.

Service-Station für Vögel

Baue im Garten, auf dem Schulhof oder rund ums Haus eine Service-Station auf, an der sich die Vögel bedienen können. Das sind die Angebote:
- ganzjährig: Vogeltränke
- ganzjährig: Vogelbad
- von Februar bis Juni: Nistmaterial*
- ganzjährig: Futter

*Nistmaterial anbieten: ein leeres Zwiebelnetz mit Federn (aus einem alten Kopfkissen), Naturwolle, ausgekämmten Pferdehaaren füllen und draußen aufhängen

✗ Beobachte!
Vögel beim Trinken und Baden!

Insektenhotels und Co. selbst bauen

Vogel-Futterstelle

Vögel haben immer Hunger: Die meiste Nahrung brauchen sie während der Brutzeit von März bis in den Sommer hinein. An dieser Futterstelle kannst du ihnen Futter anbieten.

✘ Aha!

Vögel haben immer eine Körpertemperatur von über 40 °C. Darum brauchen sie viel Nahrung.

Einen Futterspender bauen

Du brauchst:
- einen leeren, sauberen, trockenen Tetrapak
- 2 Holzstäbe, 17 cm lang
- eine Schnur zum Aufhängen

So geht's:
1. Schneide mit einem scharfen Messer (ACHTUNG!) alle vier Ecken 1,5 cm weit waagerecht ein, Abstand zum Boden 3 cm.
2. Drücke die Packung an allen vier Ecken nach innen.

Insektenhotels und Co. selbst bauen

3. Bohre auf allen Seiten je ein Loch für die Holzstäbe; die Löcher auf gegenüberliegenden Seiten müssen zusammenpassen.
4. Führe die Holzstäbe durch die jeweils gegenüberliegenden Löcher.
5. Bohre ein Loch in die obere Klebelasche und führe eine Schnur zum Aufhängen hindurch.
6. Fülle den Futterspender mit Sonnenblumenkernen und anderem Vogelfutter.

Einen Apfelspender bauen

Du brauchst:
- 3 Äste
- 3 Nägel
- 2 Schaschlikspieße
- eine Schnur zum Aufhängen

So geht's:
1. Nagle die drei Äste zu einem Dreieck zusammen.
2. Befestige an der Dreiecksspitze die Schnur.
3. Bohre in zwei gegenüberliegende Äste je ein kleines Loch.
4. Spieße einen Apfel auf Schaschlikspieße, die du in die seitlichen Löcher steckst.

Auch eine abgeblühte Sonnenblumenblüte (mit unreifen Samen) oder einen Meisenknödel kannst du aufhängen!

Insektenhotels und Co. selbst bauen

Sachen bauen für Igel

Igel streifen nachts umher auf der Suche nach Käfern, Regenwürmern und anderen Kleintieren. Den Tag und langen Winterschlaf von November bis April verbringen sie in einem Versteck.

Igel-Versteck Nr. 1 bauen

Du brauchst:
- 1 Holzkiste (20 x 30 cm, 15 cm hoch)
- Dachpappe

So geht's:
1. Säge in eine Längsseite einen 10 cm breiten, 15 cm hohen Torbogen.
2. Dreh die Kiste um und nagle ein Stück Dachpappe auf das „Dach". Stelle das Igel-Versteck an einem schattigen Platz zwischen Sträuchern und dichten Pflanzen auf. Auf das Dach kannst du Laubstreu geben.

Igel-Versteck Nr. 2 bauen

Du brauchst:
- Ziegelsteine
- Steinplatte

Insektenhotels und Co. selbst bauen

So geht's:
1. Lege zwei Lagen Ziegelsteine unterm Gebüsch zu einem Kreis, der innen etwa 30 cm groß ist.
2. Lasse einen 10 cm breiten Durchschlupf offen.
3. Lege eine Steinplatte als Dach darüber, bedecke sie mit Erde.

✗ Beobachte!

Streue vor dem Eingang zum Igel-Versteck Sand aus und streiche ihn glatt – so erkennst du, wenn ein Igel darüber gelaufen ist.

Igelfutter

Vor allem rund um den Winterschlaf, also im Frühjahr und im Herbst, haben Igel viel Hunger.
Biete ihnen an:
- Igeltrockenfutter
- Mischung aus weichem Katzenfutter mit etwas Igelfutter, Weizenkleie und Haferflocken
- ungewürztes, ungesalzenes Rührei

Insektenhotels und Co. selbst bauen

Ein Türschild für das Igel-Tor

Igel laufen nachts von Garten zu Garten und vertilgen Insekten, Regenwürmer und Schnecken. Damit sie auch in deinen Garten gelangen, öffne ihnen einen 15 x 15 cm großen Durchlass im Zaun: Ein Türschild heißt die Igel willkommen.

✗ Für das Türschild brauchst du:

- Sperrholzplatte
- Schleifpapier
- Bunte Acrylfarben
- Draht

1. Zeichne die Form eines Blattes auf die Sperrholzplatte.
2. Säge das Blatt mit einer Laubsäge aus.
3. Schleife die Flächen und Kanten der Platte schön glatt.

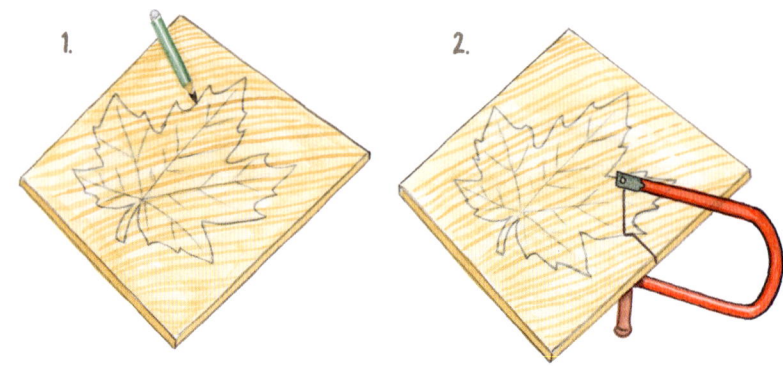

Insektenhotels und Co. selbst bauen

3.

4.

4. Male das Blatt bunt an.
5. Schreibe mit einer anderen Farbe WILLKOMMEN auf das Blatt.
6. Verziere das Blatt mit Zeichnungen oder klebe mit der Heißklebepistole (Achtung, heiß!) kleine Holz-Igel, Pilze und Blätter darauf.
7. Bohre zwei kleine Löcher in das Schild und ziehe den Draht zum Aufhängen hindurch. Du kannst auch Perlen auf den Draht aufziehen. Drehe die Drahtenden zu Spiralen.

5.+6.+7.
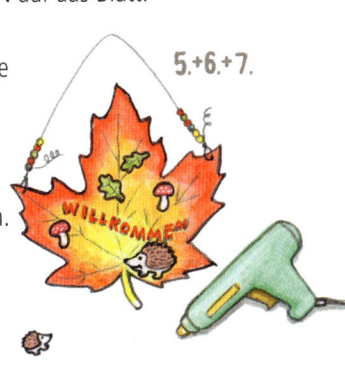

Hänge das Willkommensschild über den Igeldurchlass im Gartenzaun.

Noch mehr Schilder

Auf die gleiche Weise kannst du ein Schild „Gaststätte zum Vogel" über dem Vogel-Futtertablett oder am Vogelhäuschen „Meisen-Hotel" montieren, aber natürlich auch an deine Zimmertür.

Tipp

Wenn du eine tolle Vorlage in einem Buch gefunden hast, kannst du die Zeichnung ganz leicht abpausen: Lege einfach Butterbrotpapier darauf und fahre die Umrisslinien mit einem Bleistift nach. Ausschneiden und aufs Holz übertragen.

Insektenhotels und Co. selbst bauen

Eichhörnchen-Nussbox

Eichhörnchen lieben Nüsse – zum Öffnen brauchen sie weniger als eine Sekunde. Wenn du eine Nussbox aufstellst, kannst du Eichhörnchen beim Futtern beobachten.

Nussbox bauen

Baue eine Box wie den Nistkasten auf S. 224 mit diesen Maßen:
- Boden Teil A: 25 x 16 cm
- Seitenwände Teil B, C: 20 x 16 cm
- Vorderwand Teil D: 14 x 16 cm (Plexiglasscheibe)
- Rückwand Teil E: 20 x 16 cm
- Deckel Teil F: 20 x 16 cm

So geht's:
1. Nagle die Nussbox wie den Nistkasten zusammen. Der Boden ist vorne verlängert als Sitzplatz für das Eichhörnchen.
2. Nagle die Plexiglasscheibe von vorn auf die Seitenwände.
3. Befestige den Deckel mit einem Scharnier an der Rückwand.

Fülle die Box mit: Haselnüssen, Eicheln, Bucheckern und anderen Baumfrüchten.

Schnitzen

Baust und bastelst du gern? Ja! Magst du gern mit Holz umgehen? Auch ja! Dann suche dir im Wald Äste und Holzstücke, aus denen du wunderbare Sachen schnitzen und bauen kannst.

Zum Schnitzen brauchst du:

- eine Portion Leidenschaft
- einen Blick für geeignete Hölzer
- jede Menge Sammellust
- ein bisschen handwerkliches Geschick
- ein gutes, scharfes Messer, evtl. sogar ein spezielles Schnitzmesser, gibt's auch mit stumpfer Spitze
- Schleifpapier
- Pflaster und Verbandmaterial für alle Fälle
- und natürlich Holz

Auf Holztour

Am Waldboden findest du jede Menge Holz, Äste, Zweige, Stücke, sogar Reste von Baumstämmen.

- Schau auch nach Moosen, Steinen, hölzernen Baumfrüchten und Ähnlichem zum Basteln.
- Beobachte unterwegs bunte Pflanzen, Insekten und andere Waldtiere.

Schnitzen

Gut gerüstet ins Abenteuer

Damit Schnitzen richtig Freude macht und weil du dabei mit einem scharfen Messer umgehst, musst du ein paar Dinge beachten.

Vor allem Sicherheit

Ein Messer ist kein Spielzeug! Darum behandle es stets mit Respekt, denn es kann bei unsachgemäßem Gebrauch dich und andere stark verletzen.

Messer-Regeln

- Setz dich hin zum Schnitzen.
- Lauf nicht mit einem offenen Messer herum.
- Trage an der Haltehand, in der du das Holz hältst, einen Leder- oder Schnitzschutzhandschuh.
- Schnitze auf keinen Fall mit einem Skalpell.

So einfach geht Schnitzen

Holzstück in Haltehand (mit Lederhandschuh) halten, Schnitzmesser in der anderen – Schnitzrichtung weg vom Körper und von Hand.

1. Holz in die Haltehand nehmen.
2. Schnitzmesser in die andere

Schnitzen

3. Das Messer immer weg von deinem Körper und weg von deiner Haltehand führen!
4. Niemals in Richtung deines Beines oder anderer Menschen schnitzen.
5. Nicht gegen die Holzfasern schnitzen.

Das richtige Holz

- muss trocken sein:
- Auf dem Waldboden und unter Bäumen findest du jede Menge trockenes Holz. Sammle nur dort. Schneide keine Äste und Zweige von den Bäumen ab, denn frisches Holz lässt sich nicht schnitzen. Möchtest du nur die Rinde verzieren, nimm frische Aststücke.
- hat eine gleichmäßige Struktur mit kurzen Fasern: Suche daher dein Schnitzholz am besten von Linden, Birken, Pappeln und Erlen. Um das schwere Holz von Eschen, Eichen, Ahorn und Buchen zu bearbeiten, brauchst du viel mehr Kraft.

Lindenzweig

Lieblingsholz der Schnitzer

= das weiche Holz der Linden
Daraus kannst du auch filigrane Figuren schnitzen. Auch gut geeignet ist Buchsbaumholz sowie das bunte Alaska-Zedernholz.
Solch hochwertiges Schnitzholz erhältst du in einem Bastelgeschäft oder im Baumarkt.

Lindenholz

Schnitzen

Einen Zauberstab schnitzen

Wenn du noch niemals geschnitzt hast, beginne mit einem verzierten Stab – deinem Zauberstab.

✘ Du brauchst dazu:
- einen geraden, fingerdicken Ast

1. Kürze ihn auf die gewünschte Länge.
2. Glätte die beiden Enden.
3. Entferne vorsichtig die Rinde und glätte den Stab mit Schleifpapier oder schnitze Ringel, Ecken und andere Verzierungen in die Rinde.
4. Male deinen Zauberstab mit wasserfesten Farben an oder verziere ihn mit bunten Bändern.

Im alten Ägypten waren Krummstäbe die Zauberstäbe. Dafür brauchst du einen gebogenen Ast. Krummstäbe zaubern ein bisschen um die Ecke herum, sind aber ebenfalls wirkungsvoll.

Zaubersprüche

Probiere aus, ob der Zauberstab funktioniert, vielleicht um Schnarchen zu beenden. Verwende einen Zauberspruch wie
- Simsalabim
- Abrakadabra
- Sator arepo tenet opera rotas.

Einen Wanderstab schnitzen

Wenn du auf eine lange Wanderung gehst, schnitzt du dir deinen Wanderstock. Dazu
- wählst du einen geraden, stabilen, bis zu 3,5 cm dicken Holzast, der nicht zu schwer ist.

✗ Gutes Holz für deinen Wanderstab liefern
- Haselnuss
- Buche
- Hartriegel
- Esche

✗ Länge des Wanderstabs: etwas mehr als hüfthoch

1. Kürze den Ast auf die richtige Länge.
2. Entferne vorsichtig die Rinde.
3. Spitze das untere Ende leicht zu.
4. Glätte unebene Stellen mit dem Schnitzmesser und mit Schleifpapier.
5. Entferne lose Teile und Holzstaub mit einem sauberen Tuch.
  Öle deinen Wanderstab mit Holzpflegeöl.

Du kannst auch die Rinde an deinem Wanderstab belassen und die Oberfläche mit hübschem Schnitzwerk verzieren. Achte aber darauf, dass es keine dünnen Stellen gibt, an denen der Stab bei Belastung brechen könnte.

Schnitzen

Ein Krafttier schnitzen

Manchmal findest du ein Stück Holz, das wie ein Tier aussieht – wie eine Schlange, wie eine Schildkröte, wie ein Adler. Gib dem Tier etwas mehr Form und schnitze es so zu deinem Krafttier, das dich täglich begleitet.

Betrachte das Stück Holz von allen Seiten und schaue, wo das Gesicht ist. Schnitze dort vorsichtig die Augen, Schnauze, Nase, Mund und andere Details ins Holz. Du kannst – ganz wie du es möchtest – das Holz so belassen oder es mit Schleifpapier glätten, mit bunten Farben bemalen und mit Klarsichtlack bestreichen.

Aus einem Kantholz

Auch aus einem Stück weichem Lindenholz kannst du ein Tier oder eine Figur schnitzen.

1. Zeichne auf Papier, wie Tier oder Figur aussehen sollen.
2. Übertrage die Vorlagenzeichnung auf ein Stück Holz passender Größe, das geht gut mit einem Bleistift.
3. Säge vorsichtig das Tier aus dem Holzstück: Je genauer du den aufgezeichneten Linien folgst, umso weniger musst du danach mit dem Messer wegschnitzen.
4. Glätte die Oberfläche mit Schleifpapier.

Schnitzen

Aha!

In Bastelgeschäften gibt es auch Schnitzrohlinge: Das sind in verschiedene Formen ausgesägte Holzstücke, die du nur noch fertig schnitzen musst.

Ein Herz schnitzen

Suche dir dazu ein passendes Holzstück und verziere danach das Herz mit geschnitzten Mustern und Farben.

Für Schnitz-Profis

Wenn dir Figurenschnitzen so richtig viel Freude macht, kannst du auch die Figuren für ein Schachspiel schnitzen. Dazu schnitzt du

- je einen Satz Schachfiguren in Hell und Dunkel (Edel sieht es aus, wenn du ein helles und ein dunkles Holz wählst – oder aber du bestreichst einen Satz mit dunkler Holzlasur.)

Ein Satz besteht aus:
1 König (die größte Figur)
1 Dame
2 Läufern
2 Pferden
2 Türmen
8 Bauern (die kleinsten Figuren)

Schnitzen

Ein Glücksmedaillon schnitzen

Aus Holz lassen sich hübsche Schmuckstücke schnitzen, denen du eine besondere Form gibst. Das Schöne: Holz fühlt sich immer warm an – und ein hübsches selbst gemachtes Geschenk sind diese Schmuckstücke auch noch.

✗ So geht's:

1. Suche verschieden dicke Äste mit schöner Rinde.
2. Säge dünne Scheiben von den Ästen ab.
3. Glätte die Astscheiben mit Schleifpapier.
4. Bestreiche die Scheiben mit Holzpflegeöl oder Klarlack.

Fertig ist das Material für deine Schmuckstücke!

Glücksmedaillon

- Nimm eine runde Astscheibe, denn der Kreis ist ein Zeichen für das Vollkommene.
  Die Menschen glaubten früher: Wer sich innerhalb eines Kreises befindet, dem können böse Mächte nichts anhaben.
- Verziere die Seiten der Scheibe mit Glückssymbolen: Bei unseren keltischen Vorfahren war der Kranich das Glückstier. Auch ein vierblättriges Kleeblatt, Schwein, Triskel oder dein ganz persönliches Fantasiebild bringen Glück.
- Trage das Glücksmedaillon in der Hosentasche bei dir.

Triskel

Schnitzen

Brosche

Klebe dazu auf die Rückseite des Medaillons eine Sicherheitsnadel

Kette und Armband

Dazu brauchst du
- mehrere Astscheiben
- einen Bohrer
- Perlen
- reißfeste Schnur oder Lederbändchen, fürs Armband auch Gummifäden

1. Bohre in jede Astscheibe ein Loch.
2. Fädle die Astscheiben auf Schnur oder Bändchen. Hübsch sieht es aus, wenn du dabei abwechselnd Perlen und Astscheiben aufziehst.
3. Probiere aus, wie lang Kette und Armband sein sollen und verknote Schnur/Lederbändchen bei Erreichen der gewünschten Länge.

Auch Eicheln, Kastanien und getrocknete Maiskörner eignen sich für Ketten. Dazu bohrst du vorsichtig Löcher in die Naturmaterialien.

Knöpfe

Zwei oder vier kleine Löcher in kleine Astscheiben bohren, natürlich belassen oder bunt bemalen.

Verzierungen

Verziere die Schmuckstücke mit buntem Garn, silber- oder goldfarbenem Basteldraht, Edelsteinen, Bernstein (kannst du an Nord- und Ostsee selber finden), Muscheln, Schneckenhäuschen, Flusskieseln, Federn und vielem mehr.

Schnitzen

Eine Hirtenflöte schnitzen

Aus den Ästen von Schwarzem Holunder, Weide, Hasel, Apfel oder Eberesche lässt sich am leichtesten eine Hirtenflöte oder Pfeife schnitzen. Dazu schneidest du im Frühjahr einen passenden Ast ab.

Saftpfeife

Diese Hirtenflöte heißt auch Saftpfeife, weil sie nur funktioniert, solange die Rinde noch frisch und saftig ist.
Die Pfeife macht einen hellen, schnurrenden Ton.

✘ Du brauchst dazu

- 10 cm langen, fingerdicken, frischen Weidenast ohne Äste oder Verwachsungen, den du mit einem scharfen Messer oder einer Gartenschere abschneidest – nicht abbrechen!

1. Schneide am oberen Ende ein Stück Holz weg für deine Lippen.
2. Schneide dann im oberen Viertel der Rinde eine Kerbe wie in der Zeichnung.
3. Schneide die Rinde im unteren Drittel des Astes einmal komplett um den Ast ein.
4. Lege die Flöte auf einen festen Untergrund und klopfe die Rinde oberhalb des Rundumschnitts mit dem Griff deines Messers weich.

Schnitzen

5. Löse nun mit ein wenig Druck und knetenden Handgriffen vorsichtig die Rinde vom Holz. Sie darf nicht reißen. Wenn das nicht gleich geht, weiter klopfen, kneten und drehen.

6. Nun schneidest du den Ast an der oberen Kerbe ab – das gibt das Mundstück, von dem du noch einen kleinen Span wegschneidest.

7. Mit Schleifpapier machst du nun das Holz ganz glatt, damit die Rinde beim Überstreifen nicht verletzt wird.
8. Das abgeflachte Mundstück in die Rindenhülse schieben.
9. Dann den geglätteten Holzast vorsichtig von der anderen Seite in die Rindenhülse schieben.

Die Flöte spielen

Beim Blasen den unteren Teil der Flöte verschieben.
- Entstehen keine Töne, nimm das Mundstück heraus und trage noch einen etwas größeren Span ab.

Blasrohr aus 15 cm langem Holunderzweig

- Mit Strick- oder Häkelnadel vorsichtig das weiche Mark herausbohren.
- Fertig! Munition: feuchte Papierkügelchen
  Eine Flöte wird daraus: Bohre zwei oder drei Löcher in den hohlen Ast.

Schnitzen

Ein Lichtschwert bauen

Schwert und Säbel sind bei Rittern begehrte Waffen. Noch moderner ist ein Lichtschwert, wie es die Yedis benutzen.

Schwert und Säbel unterscheiden sich durch die Form:
Das Schwert hat eine gerade Klinge mit zwei scharfen Seiten, der Säbel eine gebogene, bei der auch nur die Außenkante scharf ist. Je nachdem, wie das Holzstück geformt ist, baust du daraus ein Schwert oder einen Säbel.

✗ Für ein Schwert brauchst du:

- 80 cm langes, etwa 6 cm breites, 1 bis 2 cm dickes Stück Holz + 2 etwa 20 cm lange, 4 cm breite Stücke Holz.

1. Zeichne auf Papier, wie Schwert oder Säbel aussehen sollen.
2. Übertrage die Vorlagenzeichnungen auf das Holz, das geht gut mit einem Bleistift.
3. Säge vorsichtig die Form der Klinge aus dem langen Holzstück: Je genauer du den aufgezeichneten Linien folgst, umso weniger musst du danach mit dem Messer wegschnitzen.
4. Säge vorsichtig die Form des Griffes aus den beiden kurzen Holzstücken.
5. Kerbe die flache Seite der Griffe in der Mitte auf die Breite und die halbe Dicke der Klinge aus.
6. Mache beim Schwert beide Seiten der Klinge scharf, beim Säbel nur die äußere, indem du dort das Holz zum Rand hin immer dünner schnitzt.

Schnitzen

7. Schnitze Ecken, Kanten und Hervorstehendes weg, mach das Griffende hinten rund oder verziere den Griff mit fantasievollen Kerbmotiven.
8. Glätte die Oberfläche mit Schleifpapier.
9. Befestige die beiden Griffhälften mit Schnur, Leder oder Klebstoff an der Klinge.
10. Nun kannst du dein Schwert oder deinen Säbel bemalen und verzieren.

✘ Für dein Lichtschwert brauchst du noch:

- Schrumpfschlauch in reflektierenden Neonfarben aus dem Bastelgeschäft

Ziehe den Schrumpfschlauch über die Klinge deines Holzschwerts. Erhitze ihn dann mit einem Fön – er schrumpft und gibt deinem Schwert das Licht!

Schnitzen

Einen Stiftehalter schnitzen

Egal ob Bunt- oder Bleistifte, Gel- oder Filzmaler – alle Stifte passen in deinen selbst gemachten Stiftehalter. Der ist auch ein schönes Geschenk für Mama und Papa, Oma und Opa.

✗ Du brauchst dazu:

- ein schönes Stück Holz

1. Schau dir das Stück Holz an und entscheide, was der Boden, was die Seiten und was oben sein soll.
2. Wenn das Holzstück noch keinen einigermaßen geraden Boden hat, kannst du mit der Säge an der unteren Seite ein Stück absägen.
3. Dann bohrst du mit dem Bohrer mindestens 13 mm große Löcher in die Oberseite des Stiftehalters, die jeweils etwas dicker als ein Bleistift sind. In jedes Loch passt ein Stift hinein.
4. Nun verzierst du das Holzstück mit schmückenden Mustern – Zickzack, Löcher und vielem mehr.
5. Mit dem Schleifpapier glättest du den Boden, wenn du magst auch die Seiten und Oberseite.
6. Schließlich kannst du den Stiftehalter noch anmalen, mit Holzpflegeöl einlassen oder mit Klarlack bestreichen, ganz wie es dir gefällt.

Stiftehalter in rund

Wenn im Wald Bäume gefällt wurden, liegen dort danach oftmals kurze Stammstücke herum. Die eignen sich auch prima für einen Stiftehalter. Bohre dazu einfach Löcher in die Baumscheibe, die du danach mit Schleifpapier glättest.

Insektenhäuschen

Aus solchen Stammstücken kannst du auch Insektenhäuschen für Wildbienen wie die Rote Mauerbiene bauen: Dazu bohrst du 3 bis 8 mm dicke Löcher, aber nicht in die Baumscheibe, sondern durch die Rinde ins Holz. In der Baumscheibe reißen die Löcher aus, wenn das Holz trocknet – deinen Stiften macht das nichts aus, den heranwachsenden Bienenlarven aber schon.

Schnitzen

Pfeil und Bogen schnitzen

Schon die steinzeitlichen Jäger haben Pfeil und Bogen gebaut. Damals wurden die Bögen aus Eibenholz gefertigt – das ist jedoch sehr giftig. Darum nimmst du biegsame Haselnuss- oder Weidenruten für deinen Bogen!

✘ Für den Bogen brauchst du:

- etwa 2 cm dicken, ca. 1,5 m langen, frischen Ast
- Sehne: dünne Schnur, Nylonseil oder Fallschirmleine

So geht's:

1. Wende den Ast hin und her und finde seine natürliche Krümmung, die auch die Krümmung deines Bogens ergibt.
2. Entrinde vorsichtig den Ast, ohne das Holz zu verletzen.
3. Mache das Holz zu den Enden hin dünner oder schnitze an beiden Seiten etwa 3 cm von den Enden entfernt rundum eine feine Kerbe.
4. Lass den Bogen ein paar Tage liegen, dann mit Schleifpapier schön glatt schleifen und mit Klarlack lackieren.
5. Befestige die Sehne an einem Ende, spanne den Bogen und befestige sie am anderen Ende.
6. Du kannst auch den Bereich um den Bogengriff mit Klebstoff bestreichen und eine bunte Kordel darum wickeln.

Schnitzen

✖ Für die Pfeile brauchst du:
- 1 cm dicke, 30 cm lange unverzweigte trockene Äste
- Federn (aus dem Bastelgeschäft oder im Sommer im Wald gesammelt)

So geht´s:
1. Eingerissene Enden abschneiden.
2. Vorsichtig die Rinde entfernen.
3. Oberfläche mit feinem Schleifpapier glatt machen.
4. Mit Klarlack lackieren.
5. Am hinteren Ende wie in der Zeichnung Flug stabilisierende Federn anbringen.
6. Pfeilspitzen mit dem Messer anspitzen.

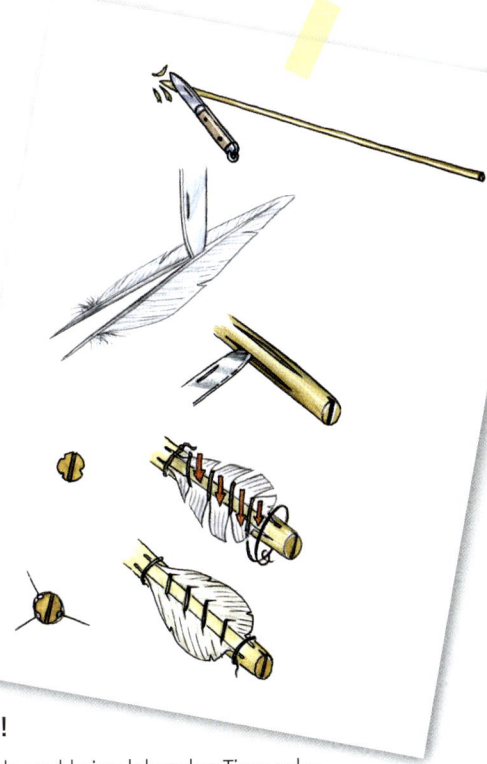

✖ Bastle auch eine Zielscheibe!

Wichtig: Schieße nur auf Gegenstände und keine lebenden Tiere oder Menschen! Sorge vor jedem Schuss dafür, dass sich niemand in der Schussbahn aufhält.

Schnitzen

Piratenschiff, ahoi!

Dein selbst gebautes Schiff aus Holz kann schwimmen. Und mit einem Totenkopf auf dem Segel wird es zum gefährlichen Piratenschiff!

✗ Du brauchst:

- ein passendes Stück Holz oder passende Kanthölzer aus dem Baumarkt Fichten- und Kiefernholz ist besonders preisgünstig.
- ein kleines Stück Sperrholzplatte
- dünner Holzstab
- einen Rest Leinenstoff

1. Zeichne mit dem Bleistift auf das Holzstück, wie dein Schiff aussehen soll. Spanne das Holzstück ein und säge vorsichtig die Form heraus:
2. Je genauer du den aufgezeichneten Linien folgst, umso weniger musst du mit dem Messer wegschnitzen.
3. Zum Sägen eignet sich eine Stich- oder Dekupiersäge. Lass dir dabei von deinen Eltern helfen!
4. Schnitze Ecken, Kanten und Hervorstehendes weg, bis dir dein Schiff gefällt.
5. Glätte die Oberfläche mit Schleifpapier und male es an, wie du magst.

Schnitzen

6. Damit dein Schiff besser geradeaus fährt, bringst du auf dem Boden ein Schwert an. Säge dazu ein Stück in der Form einer Haiflosse aus einer Sperrholzplatte. Schnitze eine Kerbe in die Unterseite des Schiffs, in der du das Schwert mit Leim befestigst.

7. Bohre für den Mast ein Loch auf dem Schiffsdeck. Kürze den Mast auf die gewünschte Länge ein und klebe ihn mit Leim in das Loch.

8. Schneide ein dreieckiges Segel aus dem Stoff und befestige es mit Bindfaden am Mast.

9. Beim Piratenschiff prangt darauf ein schwarzer Totenkopf und gekreuzte Knochen. Du kannst das Segel aber auch nach Belieben bemalen oder mit Kartoffeldruck bedrucken.

Kartoffeldruck

Auch Kartoffeln eignen sich zum Schnitzen. Wenn du in die Kartoffel eine Form schnitzt, etwa einen Kreis, ein Herz, einen Fisch oder ein Zeichen deiner Fantasie, erhältst du Stempel. Wenn du die Stempel mit Plaka- oder anderer Farbe bestreichst, kannst du damit Papier, Stoff und andere Materialien bedrucken.

So bekommst du Holz glatt

Nimm zuerst grobes Schleifpapier, dann feines.
Wenn du das Schleifpapier um einen Holzblock wickelst, geht es leichter.

Schnitzen

Einen Grusel-Kürbiskopf schnitzen

Im Herbst werden die großen Kürbisse reif. Daraus kannst du gruselige Gesichter schnitzen, die in der Dunkelheit leuchten.

✘ Du brauchst dazu:

- Kürbis
- Filzstift
- Teelicht

1. Mache den Kürbis unter fließendem, kalten Wasser sauber.
2. Schneide den „Deckel" des Kürbisses ab – mit einem geraden Schnitt oder mit einer Zickzack-Linie.
3. Höhle den Kürbis mit einem scharfkantigen Esslöffel aus.
4. Aus dem Fruchtfleisch kannst du eine leckere Kürbissuppe kochen!
5. Zeichne mit dem Filzstift ein Gesicht mit Mund, Nase und Augen auf den ausgehöhlten Kürbis.
6. Schneide das Gesicht vorsichtig entlang der aufgezeichneten Linien mit einem kleinen Küchenmesser aus.
7. Stelle ein Teelicht in den Kürbiskopf.
8. Fertig ist das Grusel-Kürbis-Licht!

Viele Kürbisköpfe wirken noch viel besser. Darum schnitze nicht nur einen Kürbis, sondern mehrere. Oder lade deine Freunde zum gemeinsamen Kürbisschnitzen ein. Dabei achtet ihr natürlich darauf, dass ihr euch nicht selbst oder die anderen mit dem Messer verletzt.

Schnitzen

Kürbis haltbar machen

Ohne irgendeine Behandlung sehen die Kürbisköpfe rasch unansehnlich aus, weil sie schrumpelig werden oder sogar schimmeln. Darum kannst du sie auf verschiedene Weisen haltbar machen.
Besprühe den fertig geschnitzten Kürbis innen und außen
- täglich mit Haarlack (nicht mit Haarspray!) oder
- einmalig nach Fertigstellung mit durchsichtigem (transparentem) Acryllack aus dem Baumarkt. Achte dabei darauf, dass du den Lack nicht einatmest.

X Aha!

Für das nächste Jahr kannst du nun ein paar Kürbisse an einem warmen, trockenen Platz einlagern. Du musst sie immer drehen, damit sie keine Druckstellen bekommen. Faulende Kürbisse musst du wegwerfen. Die getrockneten Kürbisse können sogar mehrere Jahre lang halten.

Auf ins Abenteuer!

Multifunktionales Taschenmesser
EAN: 4033477097132

Robuste Taschenlampe
EAN: 4033477097842

Taschenkompass
EAN: 4033477098047

Fernglas
EAN: 4033477096548

Weitere Artikel erhältlich im gut sortierten Buch- und Spielwarenhandel oder unter www.moses-verlag.de